教師のための教育学シリーズ **7**

教師のための教育学シリーズ編集委員会 監修

教育方法と
カリキュラム・マネジメント

高橋 純

編著

EDUCATIONAL STUDIES FOR TEACHERS SERIES

学文社

執 筆 者

＊高橋　　純　東京学芸大学教育学部総合教育科学系准教授 ⋯⋯ 第1章，第2章，第7章

堀田　龍也　東北大学大学院情報科学研究科教授 ⋯⋯⋯⋯⋯⋯⋯⋯⋯⋯⋯ 第3章

野中　陽一　横浜国立大学大学院教育学研究科（教職大学院）教授

⋯⋯⋯⋯⋯⋯⋯⋯⋯⋯⋯⋯⋯⋯⋯⋯ 第4章，コラム（第4章）

川上　真哉　東京大学大学院教育学研究科特任研究員 ⋯⋯⋯⋯⋯⋯⋯⋯⋯ 第5章

佐藤　正寿　東北学院大学文学部教育学科教授 ⋯⋯⋯⋯⋯ 第6章，コラム（第6章）

大杉　住子　文部科学省高等教育局私学部参事官 ⋯⋯⋯⋯⋯⋯ 第8章・第9章

大村龍太郎　東京学芸大学教育学部総合教育科学系講師

⋯⋯⋯⋯⋯⋯⋯⋯⋯ 第10章，第14章，コラム（第10章）

清久　利和　文部科学省初等中等教育局健康教育・食育課食育調査官 ⋯⋯⋯ 第11章

木原　俊行　大阪教育大学大学院連合教職実践研究科教授 ⋯⋯⋯⋯⋯⋯ 第12章

小柳和喜雄　関西大学総合情報学部・大学院総合情報学研究科教授 ⋯⋯⋯⋯ 第13章

佐藤　和紀　信州大学学術研究院教育学系助教 ⋯⋯⋯⋯⋯⋯⋯⋯⋯⋯⋯ 第15章

（執筆順，＊は編者）

まえがき

　科学技術や国際情勢など，変化が激しく，将来が見通しにくい社会である。一方，わが国において，将来の見通しがある程度はっきりしているのが，少子高齢化である。現在の小学生が40代となり，社会の中核となって活躍するであろう2050年頃の人口は，ピークから約3,000万人減った9,500万人程度と予想されている。加えて，65歳以上の高齢者が約40％を占めているという。少ない人数で協力をし合いながら社会を支え，かつて経験をしたことがない困難に立ち向かう力が求められている。

　こうした社会の変化に対応するにはどのような人材を育むべきか，中央教育審議会では審議が重ねられた。その成果をうけて改訂された新しい学習指導要領（平成29・30年告示）では，子供たちが未来社会を切り拓くための資質・能力を一層確実に育成することや，その際，子供たちに求められる資質・能力とは何かを社会と共有し，連携する「社会に開かれた教育課程」を重視することなどが柱となっている。これらの理解を深めようと思ったとき，そのための教育方法や技術とは何か，社会に開かれた教育課程とは何か，など多くの疑問が浮かぶだろう。

　本書は，新学習指導要領のこうした改訂の柱に関わる点について解説を行う一方で，発展的・専門的内容，先導的な内容も扱うことに配慮し，優れた専門性と指導力を備えた教師として必要とされる学校教育に関する知識を教育学の理論や知見に基づいてわかりやすく解説した。

　同時に，教職課程コアカリキュラムにおける「教育の方法及び技術（情報機器及び教材の活用を含む。）」と「教育課程の意義及び編成の方法（カリキュラム・マネジメントを含む。）」に対応し，両者を同時に扱う講義で学習がしやすいように構成を行った。

　執筆には，第一線の研究者のみならず，教員経験者や，学習指導要領の改訂や実施に内側から関わっているメンバーにもお願いをした。理論や専門的なことばかりではなく，実践的な力が養われるようにも工夫を行っていただ

まえがき

いた。また，学文社の落合氏には，丁寧に根気強く編集を行っていただいた。
深謝を申し上げる。

　教職への夢を膨らませている読者にとって本書が，優れた専門性と指導力
を備える一助になればと執筆者一同願っている。

2019 年 9 月 3 日

第 7 巻編者　高橋　純

目　次

第 I 部　教育の方法

第1章　教育方法・技術の理論 ……………………………………… 2

第1節　教育方法・教育技術を学ぶ意義　2

第2節　教育方法学の歴史的変遷　6

第3節　授業設計の理論　8

第4節　学習目標の考え方　11

第2章　資質・能力の育成と教育方法 ………………………… 14

第1節　資質・能力とは何か　14

第2節　「知識の理解の質」の向上とは何か　16

第3節　知識の理解の質と指導法　17

第4節　知識・技能および思考力・判断力・表現力等を連続として捉える　21

第5節　見方・考え方　22

第6節　学習過程　24

第7節　主体的・対話的で深い学びの実現に向けた授業改善　26

第3章　情報活用能力の育成 …………………………………… 29

第1節　情報活用能力とは何か　29

第2節　情報活用能力の実態　32

第3節　学習指導要領と情報活用能力　34

第4節　情報モラル教育　36

第5節　小学校プログラミング教育　37

第6節　情報活用能力育成のための ICT 環境整備　39

目　次

第4章　学習評価 ··· 43

第1節　学習評価とは　　43
第2節　学習指導要領の改訂と評価の変遷　　44
第3節　診断的評価　形成的評価　総括的評価　　46
第4節　評価規準と評価基準　　48
第5節　真正の評価　　50
第6節　児童生徒の学力実態の把握のための全国調査，国際比較調査　　52
第7節　2017（平成29）年告示の学習指導要領における評価　　54

第Ⅱ部　教育の技術

第5章　授業づくりの構成要素 ··· 60

第1節　参加者　　61
第2節　空間　　63
第3節　時間　　66
第4節　教材・教具　　68
第5節　授業の展開　　70

第6章　授業技術 ·· 72

第1節　授業技術とは　　72
第2節　発問　　73
第3節　指示　　75
第4節　板書　　77
第5節　ノート指導　　78
第6節　話し合い活動　　80
第7節　教師の動き　　81

第7章　ICTを活用した学習指導 ……………………………………… 85

第1節　学校におけるICT活用の現状　85
第2節　授業におけるICT活用　87
第3節　教員によるICT活用　90
第4節　児童生徒によるICT活用　95
第5節　おわりに　97

第Ⅲ部　教育課程の意義

第8章　教育課程編成の目的 ……………………………………………… 100

第1節　教育課程の編成　100
第2節　教育課程編成の主体と原則　105
第3節　教育課程に関する法制　108
第4節　これからの教育課程編成に期待されること　111

第9章　教育課程と社会 ……………………………………………………… 114

第1節　「社会に開かれた教育課程」とは何か　114
第2節　学習指導要領の変遷と社会の変化　116
第3節　「社会に開かれた教育課程」の意義　119
第4節　「地域に開かれた学校」から「地域とともにある学校」へ　122

第Ⅳ部　教育課程の編成の方法

第10章　教育課程編成の基本 ……………………………………………… 128

第1節　「教育課程」と「カリキュラム」　128
第2節　教育課程の編成原理　130
第3節　学習指導要領に依拠した，学校の教育課程編成の原則　135

目　次

第11章　教科・領域の横断と教育内容 ………………………… 141

第1節　子供たちの現状と求められる資質・能力　141
第2節　教科・領域を横断して教育内容を選択・配置する理由　142
第3節　食に関する力と求められる資質・能力　143
第4節　教科・領域を横断して食育の教育内容を選択・配置　144
第5節　食育の教育内容について　150
第6節　PDCA サイクルで評価・改善　152

第Ⅴ部　カリキュラム・マネジメント

第12章　カリキュラム・マネジメントの意義 ……………………156

第1節　カリキュラム・マネジメントの定義とモデル　156
第2節　学習指導要領におけるカリキュラム・マネジメントの内容　159
第3節　教科横断的な視点に基づく教育内容の組織化　161
第4節　教育課程編成における PDCA サイクル　163
第5節　人的・物的資源の活用　165
第6節　カリキュラム・マネジメントに資する校内研修　166

第13章　カリキュラムの評価 ……………………………………170

第1節　カリキュラム評価とは　170
第2節　なぜカリキュラム評価を行う必要があるのか　175
第3節　どのようにカリキュラム評価を行うのか　177
第4節　カリキュラム評価を運用していく際の留意点　179

目　次

第VI部　指導計画や学習指導案作成の実際

第14章　教育課程や指導計画の策定 ……………………………………184

第1節　「教育課程」と具体的な「指導計画」の関係　184

第2節　児童生徒，学校，地域の実態をふまえるということ　185

第3節　計画立案におけるマクロな視点とミクロな視点　188

第4節　「実態」と「系統」をふまえた指導計画の実際　191

第15章　学習指導案の作成 …………………………………………………196

第1節　学習指導案を作成する前に　196

第2節　授業をデザインする　200

第3節　学習指導案をより良くするために　206

　索　引　210

　教職課程コアカリキュラム対応表　214

Column

▶「児童生徒の学習評価の在り方について（報告）」の公表　57

▶ 優れた授業技術の基盤には学級づくりが存在する　84

▶ 制約があるからこその創造的教育課程　140

---

vii

第 I 部

教育の方法

第Ⅰ部　教育の方法

第1章

教育方法・技術の理論

―● 本章のねらい ●―

　教育方法・教育技術を学ぶ意義や両者の関係，教師に必要な知識，教育方
法学の歴史的変遷，授業設計の理論，学習目標の考え方等の基本的なことに
ついて理解をする。

第1節　教育方法・教育技術を学ぶ意義

1. 授業づくりに関する知識や技能の重要性

　優れた選手が，優れた監督やコーチになれるとは限らない。よくいわれる
セリフである。つまり，国語や数学が得意なだけでは，上手に教えられると
は限らない。それでは加えて，授業への情熱や子供への愛情さえあれば，う
まく教えられるのであろうか。沼野一男（1986）は，次のように述べている。

　……釜石で私が学んだことは，教師は子供に対する愛情だけでできる仕事で
はないということである。先生になりたいと思うほどの人ならば，誰でも子供
への愛情は持っているであろう。私にしても子ども達への愛情に欠けていると
は思わない。しかし，それだけではよい教師とは言えない。教師には子ども達
に確実に学習を成立させる知識と技術がなければならない。同じく義務として

2

> 学校に通わされているのに，ある子供はベテランの教師の指導を受け，ある子
> 供は未熟な教師に教わらなければならないとすれば，少なくとも私のような未
> 熟な教師に教えられる子供は不幸である。……　　　　　（沼野1986：188）

　沼野は，確実に学習として成立させる「知識」と「技術」が必要であると述べている。本書はこのためにある。さらに，「確実に学習として成立させる」という言い方は，あたかも教師主導であり，子供の主体性や自由を奪って指導するように感じるかもしれない。しかし，本当に学習指導の知識や技術のある教師は，子供を自由に主体的に学ばせつつ，あるいはそのように感じさせつつも，しっかりと学習として成立させることができる。知識や技術とはそういうものである。

　木原俊行（2004）は，教師の授業力量について，三層モデルで表している（**図1.1**）。中心にあるのは，教師の信念である。誰もが，教師として子供の成長を願い，こう育みたいという信念があるだろう。信念によって，授業づくりに必要な知識や技能が影響を受けるのは間違いない。そして，信念を実現するためには，授業づくりに関する知識や技能が欠かせない。しかし，沼野も同様に示すように，信念だけでは授業力量として十分ではない。そこで，教師を目指すものは，授業づくりに関する教育方法や技術を学ぶのである。

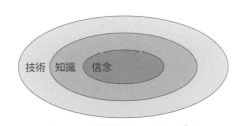

図1.1　授業力量の3層モデル
（出所）木原（2004：254）

2．教師に必要な知識とは何か

　吉崎静夫（1988）は，授業についての教師の知識領域を**図1.2**のように3つに整理している。①の教材内容についての知識とは，教材の中心的概念や概念間の相互関係などである。教科に関する知識とも換言できよう。②の教授方法についての知識とは，「導入・展開・まとめ」といった学習過程，問題

第Ⅰ部　教育の方法

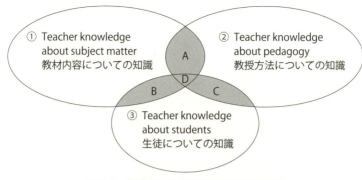

図1.2　授業についての教師の知識領域
(出所) 吉崎 (1988：13)

解決学習といった学習指導法など，教育方法や技術に関する知識である。③の生徒についての知識とは，発達段階による子供の認知的・情意的な特徴など，心理学などの知識のことといえる。

　さらに知識には重なりがある（**図1.2**のABCD）。実際の学習指導場面では，3つの重なりである**D**の知識が用いられることが多い。例えば，ある学習内容について，すでにもっている子供の誤った考え（誤概念）を適切な方法で考え直させていくようなことである。真空状態では，鳥の羽とビー玉は同時に落ちるという知識を教えたとしても，子供の日常の生活体験からは理解しにくい。こうした「教材内容についての知識」や「生徒についての知識」に加えて，それらに対応した「教授方法についての知識」も身についていることが大切である。

　3つの重なりを深く理解するためには，2つの重なりへの理解も欠かせない。教材内容と教授方法の2つの重なりである知識**A**は，ある教材を教えるには実験が適切であるといった知識である。教材内容と生徒に関する知識**B**は，子供がすでにもつ誤概念やつまずきやすい学習内容に関する知識である。教授方法と生徒に関する知識**C**は，子供のさまざまな特性やニーズに応じた指導法といった知識である。

　教職を目指すものにとっては，高校までで国語や数学といった教科の内容といった①に関することの多くは学習してきている。一方で，教育方法や

教育技術といった②に関することや，心理学といった③に関することは，大学に入学してから初めて学ぶことになる。本書では，特に②をターゲットに解説を行っており，必要に応じて③にも触れる構成となっている。

3. 教育方法と指導技術の違い

　指導技術とは発問の仕方，指名の仕方，マルのつけ方などである。すべての教員にとって，基礎基本として必ず習得すべき事項である。一つひとつは，学べば，すぐに役立つ即効性が高く，教員として基本的な教授スキルである。初任の教員は必ず最初に学ぶべきである。

　こうした指導技術を学ぶことも，狭義な教育方法の学習の一つといえるが，これだけで新しい時代に対応することは困難である（吉崎 1997：8-9）。最終的には，根本的な教育方法を学んでいく必要がある。例えば，「主体的・対話的で深い学び」に関する指導法は，教育技術としてハウツーのように記述することは難しい。ハウツーとして捉えると，ただ対話させるだけ，見た目に主体的に活動させるだけ，といった授業になりがちである。こうした教育方法は「考え方」や「概念」に近いからであり，広義の教育方法と捉える必要があるからである。

　つまり，教育方法の一部分に，指導技術があると考えるとわかりやすい（図1.3）。指導技術が役立つからといって，そうしたハウツーばかりでは，いずれ行き詰まる。その際に役立つのが，広義の教育方法である。しかし，これは「考え方」や「概念」に近いことからも，すぐには身につかない。教師になっても長年にわたって学び続ける必要がある。こうした特性を理解して，常に教育方法も教育技術もバランスよく学んでいくことが望ましい。

図1.3　教育方法と指導技術

第Ⅰ部　教育の方法

第2節　教育方法学の歴史的変遷

　教育方法の学習を進めていくと，フレーベル，デューイなど，歴史上の人物が繰り返し話題となり，それに基づいて研究が進んでいることが多いことに気づく。これだけ時代が進んでいても，なお参照されている。不思議なようであるが，教育方法に関するさまざまな基本的な考え方は，かなり以前に確立していることが多く，それらを論じた人物の業績が今なお参照されている。

　教員として経験を積めば，さまざまなことがわかる。よき教育方法を自らが発見したと思うことも多い。しかし，それは歴史上の偉人によって論じられていたりすることが多い。そこで，歴史から理論の発展を知り，それを自分自身の実践知と組み合わせることで，さらに優れた実践者になることができる。

　近代の教授学，すなわち教育方法の成立は，17世紀のコメニウス（J. A. Comenius）による『大教授学』に求めることができる（佐藤 1996：10-11）。「あらゆる人にあらゆる事柄を教授する普遍的技法」として，現在の学校の同一学年による入学，同一の内容といった仕組みを構想した。また，子供のための挿絵付きの『世界絵図』を著した。これは，世界最初の子供向けの教科書あるいは百科事典といわれ，言葉を事実のイメージの表象とするコメニウスの認識論，つまり，知識は文字から学ぶよりも，事物やそのイメージを通して学ぶ方が有用であるという主張を表している。

　19世紀に近代学校とその授業の成立が，ヨハン・ハインリヒ・ペスタロッチ（J. H. Pestalozzi）によって成し遂げられたとされる。ペスタロッチは，言葉の真の意味における「体験の教育学（直観教授）」，社会の虐げられた貧しき者の救済という「救世済民の教育学」といった思想をもち，真の生命と人格の陶冶は幼き日に企図するほかはないと考え，児童を対象とする「基礎教育の理念」の探究に生涯を捧げた（ペスタロッチー 1993：142-143）。それらを幼児教育に発展させたのはフリードリヒ・フレーベル（F. W. A. Fröbel）であり（小笠原 2000：53-59），教育学として体系化したのは，ヨハン・フリードリヒ・ヘルバルト（J. F. Herbart）とされる（稲富 1972：11-14）。

6

この間の能力観には，17世紀のジョン・ロック（J. Locke）による，人の心には何らかの生得的観念が刻まれているのではなく，生まれながらの人の心は「白い画板（タブラ・ラサ）」である（田中ら 2012：15）がある。また，ラテン語や数学などにより推理や想像などの精神作用を高めるといった汎用的な能力の育成を目指す「形式陶冶」の考え方も生まれた。知識や技能の習得による精神内容を豊富にする「実質陶冶」よりも，「形式陶冶」を重視した当時の中等学校の教育の原理となった。

18世紀の思想家ジャン－ジャック・ルソー（J. -J. Rousseau）は，『エミール』において，「万物をつくる者の手をはなれるときすべてはよいものであるが，人間の手にうつるとすべてが悪くなる」と示した（ルソー 1962：27）。そこで，子供の自発性を重視し，自然な成長を主眼とした教育論を展開した。

19世紀に確立した学校教育は，20世紀になると画一性などから批判されるようになった。そのようななか，ジョン・デューイ（J. Dewey）は，シカゴ大学に実験学校（デューイ・スクール）をつくるなど，教育の中心を子供に移し，作業や経験を基礎とし，共同で探究的に学ぶ学校づくりを志向した。こうした取組みは，『学校と社会』にまとめられている（デューイ 1957）。

20世紀に入ると，科学的な研究成果により，教育方法学は大きく発展している。ラルフ・タイラー（R. W. Tyler）は，カリキュラムと授業の「計画」と「評価」を理論化した（佐藤 1996：26-27）。「計算ができる」といった観察可能な行動を言語化して数量的に評価する「行動目標」の考え方を示した。こうしたシステム的なカリキュラムや授業づくりは，「タイラーの原理」と呼ばれる。

ベンジャミン・ブルーム（B. S. Bloom）は，「教育目標の分類体系（タキソノミー）」を構築し，「認知領域」「情意領域」「精神運動領域」の3領域に分け，系統的・段階的な教育目標の体系づくりを行った（梶田 2002）。また，学習評価について，学習の過程で学習指導の見直しのために行う「形成的評価」，学習能力の個人差は，個々の学習にかかる時間差であるというキャロルの時間モデルに基づく「完全習得学習」の理論などを構築した。

旧ソビエトのヴィゴツキー（L. S. Vygotsky）は，「発達の最近接領域」を示し

第Ⅰ部　教育の方法

た（柴田 2006：26-27）。これは，子供が一人でできる領域と，誰かの手助けなどを得ればできる領域があるという概念である。さらに，ブルーナーは，「足場かけ」として，本領域を道具や言葉によって支援を行うことを示し，一斉指導形式の授業から，個別的な学習指導に転換する際の基礎的な理論となった。

　J. S. ブルーナー（J. S. Bruner）は，『教育の過程』において，「どの年齢のだれに対しても，どんなものでもそのままなんらかの形で教えることが可能である」と主張し，「らせん型教育課程」など，カリキュラムの編成原理を示した（ブルーナー 1962）。「教育の現代化運動」を方向づけるものとなった。

　以上のような歴史的な主張は，今でも受け入れられているかどうかは丁寧に見極めていく必要がある。例えば，実質陶冶と形式陶冶のどちらが有用であるかはしばしば論争の対象となっている。例えば，20 世紀に入り，教育評価の父とされるエドワード・ソーンダイク（E. L. Thorndike）は，形式陶冶に科学的根拠がないことを示した。現在，汎用的認知スキルのような形式陶冶的な方法ではなく，所有する領域固有の知識を存分に発揮するモデルも示されている（奈須 2014：62-63）。

第3節　授業設計の理論

1.　授業づくりでは

　授業を行う際には，①学習内容や教材の選択といった「教材研究」，②学習目標の設定や授業展開の検討といった「授業設計」，③教員の発話（指示・説明・発問），板書や評価といった「授業の実施」といったステップが考えられる。このうち，本節では授業設計について取り扱う。

2.　授業設計の基本的な考え方

　授業は，教員と児童生徒の相互作用で成立する。しかし，両者のことだけを考慮すれば授業ができるわけではない。何のために（学習目標），何を（学習内容），どのように学ぶか（学習指導，学習活動）を決めていくのが，授

8

第1章　教育方法・技術の理論

業設計の基本である。

　学校現場では，授業設計というより「指導案作成」（第15章）であるといった方がなじみ深いかもしれない。しかし，授業設計したものを表現する形式として指導案があると考えられる。

　授業設計では，学習目標，学習内容，学習形態，教科書や教材，教具，教室の設備，ICT，児童生徒のレディネス（何をすでに学んでいるか），学習時間などの授業における各構成要素を検討し，教員による「学習指導」や児童生徒による「学習活動」が最も適切になるように決定する。

　授業設計の考え方には，古くはガーラック（V. S. Gerlach）とイーリィ（D. P. Ely）の学習指導システム（ガーラック＆イーリィ 1975：18-22）がある。近年では，インストラクショナルデザインと呼ばれる「教えることの科学と技術」（向後 2015 など）が話題となることが多い。いずれもシステム的な考え方に基づいている。最も重視されるのは「学習目標」であり，それに基づいてすべての構成要素および構成要素間の最適化を図る考え方となっている。つまり，授業における学習指導も学習活動も，すべて学習目標を達成するためである。仮に，もっと子供同士で話し合わせるべきであると教員としての信念をもっていたとしても，それすらも学習目標を達成するための構成要素の一つである。何事も学習目標を達成するための，一つの手段として捉えられる。授業はこうした複雑な要素が互いに影響をしあいながら成立している。システム的に授業設計を行うことで，特定の構成要素に偏った授業を避けることができるメリットがある。

　システム的な考え方による授業設計を行う際は，個々の要素の違いを明確に認識することが重要である。特に，根本的な用語にもかかわらず，学習目標，学習内容，学習活動の区別がつけられないことがある。この区別は，学習として考えると難しく考えてしまうことが多いが，「学習」→「営業」と置き換えて考えるとわかりやすい。車の販売店に置き換えると，営業目標（月に5台販売），営業内容（小型車），営業活動（ダイレクトメールの送付等）となる。このように考えると，奇抜な営業活動をしても，最終的に営業目標を達成できないと意味がないことは改めてわかるであろう。つまり，協働的な学習や

9

第 I 部　教育の方法

話し合いなど学習活動が充実しても，学習目標が達成できなければ意味がない。授業設計においても，各要素の区別と，その目的と手段を混同しないようにすべきである。

3. 授業設計の手順

　授業設計の手順について，ガーラックとイーリィの学習指導システムを援用しつつ，現在の学校教育で使われる言葉で説明すると，下記の手順となる。

① 授業の全構成要素の把握

　授業におけるすべての構成要素を把握する。先にあげた構成要素はもちろん，それ以外に，例えば，都市部や農村部といった地域性，運動会の後であるとか児童生徒の意欲や体調，若い教員であれば，自分自身の指導力も構成要素としてあげられることがある。ベテランであるほど，多くの構成要素をあげて配慮した授業設計を行っている。

② 各構成要素の条件・制限，内容等の把握

　例えば，学習内容であれば，教科書に示されていたりするが，さらに教材研究を深めて，前後の単元との関係，既習事項と新出事項の区別，児童生徒が理解しにくい箇所はどこかなど，詳細化を図る。また，特に重要であるのは，レディネスなどの児童生徒の実態であろう。児童生徒は，何をどの程度理解しているのか，これまでの学習経験や誤概念の状況などをまとめる。

③ 学習目標の分割と系列化

　学習目標も学習内容同様に，学習指導要領などにより，あらかじめ決められていることが大抵である。しかし，実態に応じて修正を加えることが必要となる。そして，さらに細かく分割し，易しい順に並べる。学習の順序は，教員が教えることが中心の解説的アプローチであっても，児童生徒が主体的に学んでいく探究的なアプローチであっても，易しい順に学習するスモールステップの原理の考え方が基本となる。

④ 学習指導・学習活動の決定

　分割して易しい順に並べた学習目標に合わせて，学習指導・学習活動を決定していく。その際，各構成要素に関する②を考慮する。学習指導・学習活

10

動は，複数が組み合わさり，一つの系列をなしていることがある。これを「学習過程」や「学びの過程」という。例えば，探究的な学習の過程であれば「課題の設定」→「情報の収集」→「整理・分析」→「まとめ・表現」である。こうした典型的な学習過程に沿って，決定していくこともある。また，特に，この段階では，個別学習，ペア学習，グループ学習，一斉指導といった学習形態，ICT活用等が考慮されることが多い。いずれにしても，学習目標を達成するためにふさわしいという観点から学習指導・学習活動を決定する。

⑤ 授業の実施

実際に授業を行う際は，事前の授業設計の通りにならないことが普通である。児童生徒が想定外のことを始めたりする。その場合にも，学習目標は常に頭に入れておくことが最も重要である。例えば，子供の興味・関心に基づいて授業をあえて脱線させた場合においても，学習目標の観点から，再び軌道修正を図る。

⑥ 評価

授業設計が適切に機能し，学習目標が達成されたかの評価を授業後に行う。特に，授業の途上であれば形成的評価が，すでに完成した授業設計であり，授業が終わった後であれば総括的評価が使われる。こうした評価結果から，再び授業設計を見直す。この意味で考えれば，評価は最後であるが，授業設計の最初の段階であるともいえる。

第4節　学習目標の考え方

1. 学習目標が重要である理由

学習目標は，授業設計や学習評価において，最も根本に位置し，授業や評価の羅針盤の役割がある。それは，学習目標によって，指導法や評価法などが変わるからである。

例えば，「千代田区内の地名を知る」という学習目標であれば，地図帳な

第Ⅰ部　教育の方法

どで確認したり，「大手町」「有楽町」と，繰り返し唱えたり，書いたりする指導法がとられるだろう。その評価は，知っているどうかを，列挙させたり，穴埋め問題で答えさせたりすることになる。

　一方で，「私たちが住む千代田区に対する誇りと愛情を持つ」といった学習目標であれば，単に地名を記憶させたり，授業時間内で良さを語り合ったりするだけでは身につけることは難しい。そもそも，誇りや愛情といった態度に関わることは，長い時間をかけて形成されるものであり，人から言われて身につくものでもない。自らが主体的に何度も繰り返し考えることで形成される。さらに，その評価は難しいことになる。例えば，小論文であるとか，面接などを通して，確認することになるが，そうした方法をとったとしても，何と回答したら誇りと愛情があると判断するのか難しい。学習目標の性質によって評価方法すら変わる。学習目標は授業の根本なのである。

2.　学習目標の分類

　梶田叡一は，学習目標を，「達成目標」「向上目標」「体験目標」の3つに分類している（梶田 2002：159-167）。達成目標は，知識や技能などを指し，繰り返し用語を唱えるなど，特定の教育活動の直接的な成果で到達できる。向上目標は，思考力や態度などを指し，調べたり，まとめたり，伝えたりといった多様な教育活動の複合的総合的な成果で到達できる。体験目標は，発見やふれあいなどを指し，学習活動に内在する特定の経験によって到達できる。

　最も到達に時間がかかるのは，向上目標である。また，向上目標は，到達目標と異なり，到達点があるわけではなく，学習者の過去の状態より，今の状態の方が，望ましい方向に向上しているかどうかが評価される。したがって，到達度テスト等での計測は困難であり，学習者の学習履歴の蓄積等から，個人内の伸長を判断することになる。このように学習目標といってもペーパーテストで測定できるものばかりでないことに注意が必要である。

［高橋　純］

第1章　教育方法・技術の理論

● 考えてみよう！

▶ 確実に学習として成立させるために，教師に必要となる「知識」と「技術」について，具体的に挙げてみよう。
▶ 教育方法学に関する歴史的人物のうち，興味深いと感じた人物についてさらに調べてみよう。
▶ 「達成目標」「向上目標」「体験目標」の学習目標のそれぞれについて具体例を挙げてみよう。

● 引用・参考文献

稲富栄次郎（1972）『ヘルバルトの哲学と教育学』玉川大学出版部

小笠原道雄（2000）『フレーベル』清水書院

梶田叡一（2002）『教育評価　第2版補訂版』有斐閣双書

ガーラック，V. S.・イーリィ，D. P. 著，町田隆哉訳（1975）『授業とメディア』平凡社

木原俊行（2004）『授業研究と教師の成長』日本文教出版

向後千春（2015）「はじめに」『上手な教え方の教科書 入門インストラクショナルデザイン』技術評論社

佐藤学（1996）『教育方法学』岩波書店

柴田義松（2006）『ヴィゴツキー入門』子どもの未来社

田中耕治・鶴田清司・橋本美保・藤村宣之（2012）『新しい時代の教育方法』有斐閣アルマ

デューイ著，宮原誠一訳（1957）『学校と社会』岩波書店

奈須正裕（2014）『知識基盤社会を生き抜く子どもを育てる コンピテンシー・ベースの授業づくり』ぎょうせい

沼野一男（1986）『情報化社会と教師の仕事』国土社

ブルーナー，J.S. 著，鈴木祥蔵・佐藤三郎訳（1962）『教育の過程』岩波書店

ペスタロッチー著，長田新訳（1993）『隠者の夕暮・シュタンツだより』岩波文庫，岩波書店

吉崎静夫（1988）「授業研究と教師教育（1）：教師の知識研究を媒介として」『教育方法学研究』13 巻：11-17

吉崎静夫（1997）『子ども主体の授業をつくる─授業づくりの視点と方法』ぎょうせい

ルソー著，今野一雄訳（1962）『エミール（上）』岩波書店

13

第Ⅰ部　教育の方法

第2章

資質・能力の育成と教育方法

───●　本章のねらい　●───

　資質・能力の3つの柱について，定義のみならず具体的な理解が重要となる。また，その指導法として，特に「主体的・対話的で深い学び」を取り扱った。「主体的・対話的で深い学び」は，定義から指導法を検討するのではなく，それを支える「知識の理解の質」「見方・考え方」など基本的な考え方から理解する。また指導法として重要となる「学習過程」についても学んでゆく。

第1節　資質・能力とは何か

　平成29・30年告示の学習指導要領では，育成すべき資質・能力の3つの柱が次のようにまとめられた。
　(1)　知識及び技能が習得されるようにすること
　(2)　思考力，判断力，表現力等を育成すること
　(3)　学びに向かう力，人間性等を涵養すること
　これにより，学習指導要領におけるすべての教科の目標は，この3つの柱で整理され，記述されている。
　資質・能力は何かと問われれば，単純には従来からの「学力」という言葉の言い換えといえる。ただし，資質・能力は，学力という言葉よりも広義な意味で捉えられる。そして，「何を知っているか」という学習内容の習得に

14

重きが置かれた従来の記述から，それも変わらず重要であるものの，「何が
できるようになるか」という実際に生きて働く力として発揮できるレベルに
まで対応した表記になったといえる。例えば，従来，英語で過去形にするに
は「ed」をつけると知っており，テスト紙面上で考えながら回答しても正答
であることから，あたかも英語が「できる」と思い込んでしまうこともあっ
た。しかし，コミュケーションにおいて「できる」というのは，無意識に自
動的に過去形を使ってしまうレベルになる。これは紙面で行われるテストで
正答できることと根本的にレベルが異なる。しかし，従来から英語の教科と
して目標はコミュニケーションであったが，「テストに出ることを学習する」
という考えから，英語の習得自体が目的になりがちであった。また，他の教
科の目標にあっても，同様に高いレベルを目指そうと記述されていた。こう
した問題を改善し，より明確に表現しようと，資質・能力としての記述に改
められたといえる。

　資質・能力の3つの柱のように，学習目標の分類は，第1章の梶田やブルー
ムの取り組みなど，他にもいくつもある。分類する最も大きな理由は，分類
によって指導法や評価法が異なるからである。例えば，資質・能力の3つの
柱は，(1) は習得，(2) は育成，(3) は涵養と書かれているが，これも指導法
の違いから来るといえよう。まず，(1) → (2) → (3) の順で，身に付けるの
に時間がかかる。それが表現に込められている。また，いずれの学習目標の
達成にも，繰り返しの学習が重要となる。繰り返しといっても，(1) であれば，
用語を唱えるといった短時間での単純な繰り返しであり，(3) であれば学校
における教育活動全般というほど，さまざまな機会を通して学ぶ総合的で複
合的な学習活動の繰り返しである。

　ただし，資質・能力の分類は重要であるものの，多くの分類が世に存在す
るように，いくつかの考え方がある。厳密な分類は，研究上は意味があって
も，教育実践上は，あまり大きな意味はないだろう。大まかに分類できるこ
と，分類のメリットや効果について，実感をもって理解できていることが重
要である。そして，学習指導以外の場面でも応用が可能である。このくらい
の理解ができればと思う。例えば，ダイエットに例えてみよう。

第Ⅰ部　教育の方法

　(1)　ダイエットに関する知識及び技能
　(2)　ダイエットに関する思考力，判断力，表現力等
　(3)　ダイエットに向かう力，人間性等
となるが，3つの柱の中で最も困難なのは (3) である。多くの人は (1) のダイエットに関する知識及び技能はもっている。それでも実行できないのは (3) のダイエットに向かう力に課題がある。さらに，(1) や (3) が十分であったとしても，ダイエットに関する一般的な知識及び技能を，自分自身の生活状況や特性等に効果的に適用できるように，思考したり判断したりして，ダイエットの計画を立て実行することが必要となる。つまり，この3つの柱がうまく統合されることでダイエットに成功できるわけであるが，統合する前に，一つひとつの柱についても十分な準備が必要となる。このように焦点化して考えることができるのが，学習目標を分類するメリットである。

第2節　「知識の理解の質」の向上とは何か

　「知識偏重でよくない」とか，「知識よりも思考力が重要である」とか，「インターネットで検索すればいいのだから知識は不要」などといった論調をみかける。これは「知識」に質があるという事実が共有されていないからである。
　例えば，多くの日本人が思うであろう，思考力が高く，問題解決能力が高い人物に池上彰氏がいる。池上氏は知識が少ないのか？と問われれば，多くの知識をもっていると認められるだろう。つまり，知識の量は大前提である。そもそも知識をもっていなければ，インターネットで検索する用語も思いつかない。
　それでは「有名大学を卒業したのに役立たない」と揶揄されるケースは，どのように考えたら良いのであろうか。知識の量は十分ある場合，その知識が活用できるような状態になっていないと説明できるだろう。穴埋め問題や選択問題に素早く正答できる程度の大量の知識を有しているが，現実社会では役立つほどの質になっていない。先に例示した英語の過去形の例のような

16

ものである。

「富山は何地方にありますか？」と問われたとき，幼児が「北陸地方」と答えても，ベテラン教員が「北陸地方」と答えても，正解である。しかし，同じく答えられても，明らかにベテラン教員の方が，詳しく知

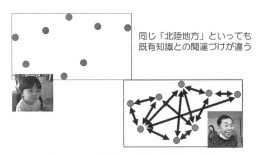

図2.1　知識の理解の質の違いの例

っているはずである。これを図2.1に表せば，ノード（北陸地方といった個別的知識）の数は同じでも，リンク（「北陸地方」は「日本海」に面しているといった知識と知識を結ぶ接続的知識）が異なるといえるだろう。ノードの量のみならず，リンクも密接であったとき，量も質も高い知識といえるであろう。試験で質の高い理解であるかどうかを問う場合は，穴埋め問題ではノードを問うばかりであり，自由記述などでリンクを尋ねると質の高さを確かめることができる。

　学習指導要領では，「知識の理解の質」という表現が繰り返し出てくる。この見慣れない過剰ともいえる表現は，知識の重要性，特に質の高い知識の重要性を表しているといえよう。西林勝彦（1994）は，詰め込み学習の問題は詰め込めていないとしている。つまり，本来の意味で，多くの知識を有意味な状態，つまりリンクされた状態で詰め込むことが重要であり，無意味な丸暗記をひたすら行う詰め込み学習と区別すべきだとしている。知識の理解の質が高まったとは，知識の量も質も高いときであるといえる。

第3節　知識の理解の質と指導法

　もう少し詳細に，知識の理解の質の高まりと，指導法の関係を整理しよう。

第Ⅰ部　教育の方法

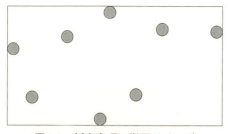

図2.2　新出事項の学習イメージ

1. 新出事項の学習

　初めて学ぶ事項は、まだその意味どころか、名称や用語自体も曖昧であり、関連した事項との関係もよくわからないことが通常である。図で表すならば、各ノードは独立してリンクされておらず、ノードも灰色な状態といえる（図2.2）。指導法としては、一斉指導を行う、視聴覚教材（ビデオ等）を見せるなどがある。動画による講義ビデオの閲覧などもこのカテゴリーであろう。

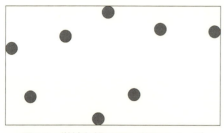

図2.3　単純な繰り返し学習イメージ

2. 繰り返しによるノードの強化

　一つひとつのノードを、繰り返し唱えるといった単純な繰り返しをすると、灰色がどんどん黒に近づいていく（図2.3）。こうした強化の方法として、ドリルをするとか、単語帳で単語を覚える、教科書にマーカーで印をつけて、下敷きで隠してひたすら丸暗記するような方法がある。テストにおいて、出題範囲が決められており、選択問題や穴埋め問題による出題であれば、正確に回答できることから、有効な学習方法と認識されていることも多い。また、学習の初期段階において、有意味な記憶の前提として、名称や用語を記憶するためには効率がよい。

　こうした学習方法を、テスト対策とする子供も多い。テストでいい点数になっても、終わるとすっかり忘れてしまう。しかし、実際には忘れたのではなく、思い出せない（再生できない）だけといえる。何かきっかけがあれば思い出せるが、そのきっかけは外部によることが大抵であり、生きて働く知識にはほど遠い状態と考えられる。

18

3. リンク

既習事項や生活体験などと関連づけながら学習している状態である。個別的な知識が，既習事項や生活体験とリンクされることで，忘れにくく，生きて働く知識になり始める（図2.4）。授業の導入において，既習事項や生活体験と関連づけるのは，こうした意味があるといえる。

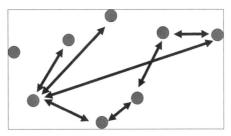

図2.4 生活体験等，関連づけながら学習した際のイメージ

ただし，導入で関連づける程度では，それほど強いリンクは成立しないと考えられる。

4. リンクの強化

リンクができるには一定程度の学習が必要であろう。それを点線で表している（図2.5）。

繰り返し関連づけると，リンクが強化され，点線が実線になり太くなっていく。このプロセスでも，当然ながら繰り返しの学習が必要になる。しかし，ノードができ，黒くなっていくよりも時間が必要であり，多様な学習活動が必要である。

リンクの強化において，効率的に繰り返し学習をするためには，特定のパターン（学習過程）の繰り返しによる学習が有効で

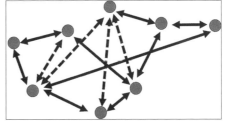

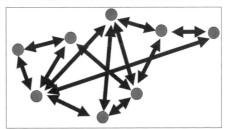

図2.5 さまざまなことを関連づけ，それらを繰り返すことでリンクが強固になったイメージ

ある。スポーツや芸術分野において練習のパターンが決まっていることと似ている。武道やピアノなどを思い浮かべれば，自由に思いつきで繰り返し学習をするのではなく，パターンや型に沿って繰り返し学習し，徐々に繰り返しの強度を上げていったり，組み合わせて複雑にしたりする。そして定期的にコンクールや試合がある。コンクールや試合も同じものに繰り返し出場するだけではなく，徐々にレベルアップしたものにも出場する。こうしたイメージである。

5. リンクの熟達化

さらに繰り返しが行われると構造化し，熟達化した状態になる。この状態になるとほとんど負荷なく取り組むことができる（図2.6）。例えば，ピアノでいえば，正確に滑らかに演奏できることはもちろんのこと，情景

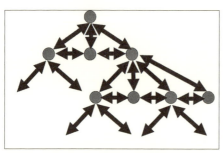

図2.6　構造化し，熟達化した状態のイメージ

を意識，表現しながらであるとか，その曲の見方・考え方も含めて表現しているような状態であろう。最終的には型破りを目指す。

熟達化が進むと，長い間，そのことに触れていなくても，再びこなすことができる。学習成果の究極の姿，つまり知識でいえば理解の質が高い状態であるといえる。ただし，このレベルに達するには多くの時間と，多くの経験や体験を含めた複合的で総合的な学習が必要となる。例えば，自らが課題意識をしっかりともち，調べたり，話し合ったり，まとめたりする活動を繰り返すことが必要となる。主体的・対話的で深い学び，いわゆるアクティブ・ラーニングによる学習は必須となる。ただ，最終的に学校教育の時間内だけでは構造化までは時間不足であろう。学校外でも，卒業をしても，自らが学び続けて，このレベルに達することができるように，このための学び方も学んでいく必要がある。

第4節　知識・技能および思考力・判断力・表現力等を連続として捉える

　知識の理解の質と指導法の関係をまとめると，図2.7になる。
　学びに向かう力，人間性等はすべての土台になるものである。そして，先にも述べたとおり，授業のみならず，学校行事，地域との取り組みなど，すべての活動を通して涵養されていくものであると思われる。そして，知識・技能のうち，ノードのみの簡単なものは，単純な繰り返しによる学習が有効である。
　最も難しいのは，思考力・判断力・表現力等の扱いである。思考力を例にすると，思考力が育まれた子供というのは，具体的にはどのような状態になっているといえるだろうか。これを言葉で表現することは難しい。例えば，深く考えられる子供といえばいいかもしれないが，深く考えるというのはどのような状態を指すのか。思考力が育まれた子供という表現とあまり大差はない。たくさんの知識と関連づけることができると表現してしまえば，関連づけるという「技能」があればいいようにも思われる。あるいは，深く考え

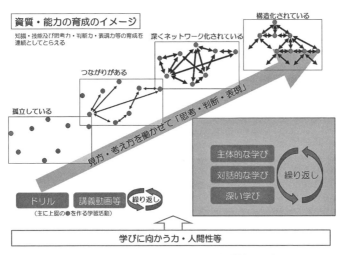

図2.7　知識の理解の質と指導法の関係

る学習をしている状態というならば，そうした「学習活動」をしていることを指し，それは資質・能力ではない。加えて，英語において，わが国でいうところの思考力に相当する訳を見つけることは容易ではない。英語圏では，Thinking Skills というように，スキル，つまり考える技能として鍛えていくことが広く共有されている。

そこで，知識・技能及び思考力・判断力・表現力等の育成を連続として捉える考え方を提案したい。この**図2.7**でいえば，孤立したノードから構造化したノードへの連続と対応している。つまり，構造化している状態を思考力・判断力・表現力等が十分に育まれた人と考えるのである。

例えば，思考力の高いであろう池上氏に例えるならば，ノードは数多くあるし，リンクも構造化している，さらに図のような2次元を超えた多次元ではないかなどと考えられる。池上氏の説明がなぜわかりやすいのか。テレビでの説明をよく聞いていると，日本国民であれば知っていることや，その周辺にある，知らないけれども簡単に予測できること（ノード）について，多くの人が知らないつなぎ方（リンク）で説明していることに気づかされる。だから，「そうだったのか」となるわけである。何も知らなかったわけではなく，予想できなかったわけでもない。でも，知らなかったという状態である。ここに，単に知識が多くある人と，思考力のある人との差があるのではないかと思う。結局は，「知識の理解の質」というキーワードに行き着くのである。

第5節　見方・考え方

知識と知識のリンクを上手に張る方法の一つに「見方・考え方」がある。これまでも見方や考え方として重要視されてきたが，2017・18（平成29・30）年告示の学習指導要領において，すべての教科の目標の冒頭に「言葉による見方・考え方を働かせ（国語）」のように記述されるようになった。また，深い学びとは「見方・考え方」を働かせることがポイントとされている。

第2章　資質・能力の育成と教育方法

　例えば，言葉による見方・考え方については，「自分の思いや考えを深めるため，対象と言葉，言葉と言葉の関係を，言葉の意味，働き，使い方等に着目して捉え，その関係性を問い直して意味付けること」と説明されている（中央教育審議会 2016）。これらの具体的な理解は，各教科等の特質に応じる必要もあり，教員にとっても教科内容の見識が十分でない場合，難しいことも多い。

　そこで，まずは見方・考え方がなぜ大事であるかを知るところから始めたい。

　見方・考え方が鍛えられていない状態とは，例えば「家」という漢字を辞典で引く際に，端からページをめくって探していくような状態である。見方・考え方が鍛えられているとは，部首や索引から調べるなど辞典の引き方を駆使して調べることができていると例えられる。つまり，突然，「家」を調べ始めるのではなく，それを調べるにはどのような方法があるのかといった一段上から考えられるかどうかである。いずれも，「家」という漢字は調べられ，同じ答えを手に入れるかもしれないが，プロセスの質が異なるのである。

　さらに例えるならば，レストランに「大根とじゃこのシャキシャキサラダ」というメニューがあったとする。この特徴を10個挙げよ，と言われたら挙げられるだろうか，その際，どのように考えるだろうか。目をつぶり，思いつく特徴を挙げるようでは，見方・考え方を働かせていない。念力に頼っている。そこで，「見た目」から特徴を挙げようとか，学校で勉強したことを活かそうとか，そうした一段上の観点から考えてみる。教科で学んだことから発想してみようとすれば，社会科で習った産地に着目すると海と畑の食べ物が混ざっているとか，理科でいえば植物と動物を使ったサラダであるとか，家庭科でいえば栄養のバランスがとか，大根は何切りであろうか等々，多くの特徴を思い浮かべることができる。いずれも答えを聞けば，知っていることばかりである。最初に自力では思いつかないとすれば，知っているのに活用できる知識になっていないといえる。こうしたいわゆる応用が効かないと言われることについて，見方・考え方を鍛えることで解消を試みようとしている。

　本来の意味での見方・考え方は「どのような視点で物事を捉え，どのよう

23

な考え方で思考していくのか」というその教科等ならではの物事を捉える視点や考え方である（文部科学省 2018）とされ，もっと難しい。もし，自身がよくわからないのだとすれば，今回の例に示したように，何かを考えるとき，一段上からみることなのだという実感をもって理解する体験から始めてみてはどうだろうか。

第6節　学習過程

先にも述べたが，リンクが作られ，太くなり，構造化していくためには，繰り返しの学習が必要であり，そのパターンとして学習過程がある。

学習指導要領では「学習過程」であるとか「学びの過程」という記述が数多くある。数

図 2.8　探究的な学習過程
（出所）文部科学省（2017b：9）

多くの学習過程の中で，最も典型的なものは「探究的な学習の過程」である（図 2.8）。最もシンプルで汎用性が高い。多くの教科・領域における学習過程の基本となる学習過程といえるだろう。

例えば，未知なる問題に直面したとき，何から手をつけて解決したら良いかわからず，諦めてしまうかもしれない。しかし，学習過程を理解していれば，まずは「情報を収集」をしてみようとなる。次にそれらをわかりやすく図や表に「整理」して，「分析」をしてみようとなる。そして，「まとめ」たり，「表現」したりし，振り返りや他者からの意見により，新しいアイディアを求めていく。これらを通して，より具体的な新たな課題が設定され，再びプロセスが始まる。

学習過程は，学習に限らず，実は，多くの問題解決場面で活用されている汎用的なものである。例えば，刑事ドラマでの事件の解決も似たプロセスで

ある。ドラマを見る限り，「課題の設定」は事件の解決であり，「情報の収集」は聞き込みや鑑識による捜査や証拠集めであり，「整理・分析」はホワイトボードへの整理であり，「まとめ・表現」はホワイトボードをみて考えたり予想をしたりすることである。そして，さらなる課題が見つかり，再び情報の収集が始まるのである。大事なポイントは，学習過程の中で，事実を扱っているか，考えを扱っているかである。「情報の収集」では主に事実を扱っており，「まとめ・表現」では考えを扱っており，「整理・分析」はその中間にあたる。つまり，事実を積み上げて，自らの考えを導く過程であるといえる。

　よくある授業展開として，子供に何かを提示して，「気づいたことはなんですか」と，事実のみならず考えも含めて尋ねることがあるが，事実確認を重視していない点で，こうした授業過程とは異なる。また，子供が教科書や資料から読み取った事実を発言させ（情報の収集），それを教師が板書で整理・分析し，子供が板書を見ながらまとめる授業展開がある。これも，一連の学習過程のうち，整理・分析を教師が代行している状況にあるといえる。こうした学習を繰り返していくと，教師が整理・分析をしてくれないと問題解決できない子供になってしまう懸念もある。

　このように，学習過程に基づいて授業展開を考えると，学習目標から考えて，情報の収集をどのような方法で行うと適切か，整理・分析ではどのような方法で行うと適切か，など，焦点化して考えやすくなるメリットがある。そして，教師がお手本を見せることはあっても，基本は子供が自ら行うことが前提となる。

　このように学習過程は一種のパターン（方法）であるが，こうした問題解決や思考のパターンを活用することが主体的に学ぶ一歩になる。

　ある未知の問題に接したときに，どのように解決すべきか，何を解決すべきか，というように，解決のための「方法」や「内容」の両方を毎回考えるようでは，深く問題解決することは困難である。解決の「方法」はある程度理解しているからこそ，「内容」により一層迫ることができる。例えば，児童同士が協働で問題解決を行う際に，今は「情報の収集」の段階であると共通認識できていれば，どのような「情報の収集」の方法が効率的かという議

論にフォーカスすることができる。しかし，こういった共通認識がない場合，情報を分析しようとか，私はこう考えるという意見が出てきたり，さまざまな解決の「方法」も提案されたりして，肝心の「内容」に迫ることができない。深く学んだり，深い対話をしたりするためにも，学習過程が共通認識されることが必要である。

第7節　主体的・対話的で深い学びの実現に向けた授業改善

「児童の主体的・対話的で深い学びの実現に向けた授業改善（アクティブ・ラーニングの視点に立った授業改善）」が求められている。このことが話題であるが，手段か目的かと問われれば，手段であり，教育方法の一つと考えられるだろう。そして，さまざまな概念と関連して構成されている。

学習指導要領改訂のポイント（文部科学省 2017c）の見出しには「知識の理解の質を高め資質・能力を育む主体的・対話的で深い学び」と示されている。つまり，これまで説明してきた「知識の理解の質」を高めること，「資質・能力」を育むためなのだと理解できる。これこそが「主体的・対話的で深い学び」の目的といえよう。

中央教育審議会答申（2016）によれば「アクティブ・ラーニングの3つの

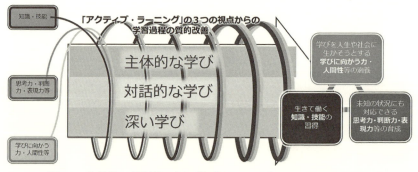

図 2.9　主体的・対話的で深い学びのイメージ（中央教育審議会 2016）

視点からの学習過程の質的改善」として，主体的・対話的で深い学びが解説されている。つまり，「学習過程」を質的に改善するために，主体的・対話的で深い学びがある。**図2.9**のように，学習過程の各ステップに主体的や対話的にすることで，質を上げていくと解説できる。例えば，授業において，何となく主体的にしたり，対話的にしたりするだけでは，活動がアクティブに見えるだけで這い回る学習になっている，といった指摘がある。頭をアクティブにするのが大事だなどともいわれる。このために何をすべきかと問われれば，これまで解説してきた学習過程を前提として，それらの各ステップの強化のためであると説明されるだろう。

深い学びについては，「深い学びの鍵として「見方・考え方」を働かせることが重要になること」（文部科学省 2017c）と示されている。これもまた，無自覚に深い学びが起こったり，指導できたりするわけなく，児童生徒に「見方・考え方」を鍛え，発揮させていくことが不可欠になっていく。「見方・考え方」の指導なのだと考えれば，単に対話的にしたり，主体的にしたりするだけで，深い学びになるわけではないと理解できる。

主体的・対話的で深い学びの理解は，これそのものを直接理解しようとすると困難である。本章で示したとおり，関連事項の理解も含めて行っていく必要がある。

［高橋　純］

● **考えてみよう!**

▶ 児童生徒に思考力・判断力・表現力等を育むためには，それらが育まれた児童生徒とはどのようなことができるようになっているのか，具体的にイメージできることが必要といえる。そうした具体的なイメージを列挙してみよう。

▶ あなたの関連する教科についての具体的な見方・考え方の例について，列挙してみよう。

▶ 主体的・対話的で深い学びが実現した授業の具体的なイメージについて，まとめてみよう。

第Ⅰ部　教育の方法

● 引用・参考文献

中央教育審議会 (2016)「幼稚園，小学校，中学校，高等学校及び特別支援学校の
　学習指導要領等の改善及び必要な方策等について」

西林勝彦 (1994)『間違いだらけの学習論』新曜社

文部科学省 (2017a)「小学校学習指導要領 (平成 29 年告示) 解説　総則編」

文部科学省 (2017b)「小学校学習指導要領 (平成 29 年告示) 解説　総合的な学習の
　時間編」

文部科学省 (2017c)「幼稚園教育要領，小・中学校学習指導要領等の改訂のポイン
　ト」http://www.mext.go.jp/component/a_menu/education/micro_detail/__icsFiles/
　afieldfile/2019/02/19/1384661_001.pdf (2019.6.3 最終閲覧)

第3章

情報活用能力の育成

●━━━ **本章のねらい** ━━━●

　本章ではまず，情報活用能力のイメージや定義を押さえたうえで，わが国の児童生徒の情報活用能力の実態を示す。次に，文部科学省が告示する学習指導要領における情報活用能力の位置づけとその育成方法について，情報モラル教育，プログラミング教育などの項目ごとに提示する。

第1節　情報活用能力とは何か

1. 情報活用能力のイメージ

　私たちの生活に，今やスマートフォンは欠かせない。どこかに出かける際は事前に検索し，行き先の情報を先に入手することができる。新幹線や飛行機の切符，ホテルなどを予約することもできる。現地では地図やナビを頼って歩くこともできる。美味しい地元の食事場所を探すこともできる。先方で会う人たちとメッセージ交換もできる。これだけ便利なら，スマートフォンが広く普及するのは当然だろう。

　読者の周囲には，ICT（Information and Communication Technology）を使いこなす「仕事ができる人」がいるだろう。その人は，状況に応じてスマートフォンやパソコンなどからインターネットにアクセスし，さまざまな情報手

29

第Ⅰ部　教育の方法

段を用いてあらゆる情報をいち早く得ているだろう。それらを整理したり，わかりやすく提示したり，再利用したりしているだろう。どのサイトに書かれていることが適切か，誰から情報を得ると良いかなど，人脈も含めた多様なリソースにアクセスしていることだろう。このような人がもっている，「ICTを適切に活用し，情報を適切に処理する能力」が，まさに情報活用能力のイメージである。

　このような人を「仕事ができる人」と書いたが，この人のもつ情報活用能力は日常生活でも発揮されているだろう。また，この人は仮に別の仕事に就いたとしても，新しい仕事の場で情報活用能力を発揮して，またその道で「仕事のできる人」になっていくだろう。このことはすなわち，この人の生活や仕事を支える「基盤」として情報活用能力が機能していると考えることができる。

2. これからの情報社会

　スマートフォンで思い出の写真を記録し，SNSに発信するなど，私たちは日常的に周囲と常にコミュニケーションしている。いざとなればいつでもスマートフォンに頼るという生活をしている私たちは，スマートフォンを忘れた時に少し不安に感じることはないだろうか。多くの人が少し依存傾向にあることを自覚していることだろう。また，スマートフォンを使って消費する時間が増えることにより，人間関係の行き違いもまたスマートフォンを介して生じる。これらは，便利なテクノロジーであるスマートフォンの影の部分だと考えてよい。

　スマートフォンで切符やホテルの予約ができるのは，ネットワークの向こうにある予約システムのおかげである。美味しい食事場所の紹介もまた，多数のレストラン情報を登録したグルメサイトのおかげである。私たちはこれらのシステムに助けられ，便利かつ効率的に日々の生活を送ることができている。その一方で，昔は人手で行われていた予約業務や案内業務はいつしかアプリに置き換えられ，それによって職を失った人や立ちゆかなくなった会社があることが想像できる。

30

第3章　情報活用能力の育成

　スマートフォンがこれだけ普及し，日々の生活で日常的にさまざまなテクノロジーを利用しているにもかかわらず，私たちは，例えばスマートフォンがどのようにインターネットに接続されるのかについてはあまり考えたこともない。テクノロジーの利用は多くても，テクノロジーに対する知識は不足しており，そのため，知識に基づく思考や判断は十分ではないのである。そのテクノロジーがどういういきさつで世の中に出現し，私たちの生活や社会にどのような影響を与えているのかについても無自覚で，便利な日常に対して盲目的になってしまってはいないだろうか。

　これからもテクノロジーは常に進化し，私たちは常にテクノロジーに支援され，社会はそれを前提に動いている。これが情報社会である。あらゆる仕事でテクノロジーを的確に用いていかなければならない時代を生きていくことになる今の子供たちには，これらのテクノロジーがどんな仕組みで動いていて，何ができ，何が苦手なのか，私たち人間はテクノロジーをどう使っていくことが，より人間らしく生きていくことにつながるのかを理解しておいてもらわなければならない。これらは，情報化の未来に関する知識や興味・関心をもつ必要性を示している。

3.　情報活用能力の定義

　文部科学省（2010）では，「情報活用能力」という用語を，「情報活用の実践力」「情報の科学的な理解」「情報社会に参画する態度」の3つの要素で定義している。

　A．情報活用の実践力
課題や目的に応じて情報手段を適切に活用することを含めて，必要な情報を主体的に収集・判断・表現・処理・創造し，受け手の状況などを踏まえて発信・伝達できる能力
　B．情報の科学的な理解
情報活用の基礎となる情報手段の特性の理解と，情報を適切に扱ったり，自らの情報活用を評価・改善するための基礎的な理論や方法の理解
　C．情報社会に参画する態度
社会生活の中で情報や情報技術が果たしている役割や及ぼしている影響を理解

> し，情報モラルの必要性や情報に対する責任について考え，望ましい情報社会の創造に参画しようとする態度

　この3つの観点は，相互に関連を図りながらバランスよく指導することが重要であるとされている。また，この情報活用能力の育成は，小学校には情報教育を専門的に扱う特定の教科等を置かず各教科等で横断的に，中学校では技術・家庭科技術分野を中心に各教科等で，高等学校では共通教科情報を中心に各教科等で行うこととなっている。

第2節　情報活用能力の実態

1. 情報活用能力調査

　文部科学省は，小学校5年生，中学校2年生，高校2年生に対して情報活

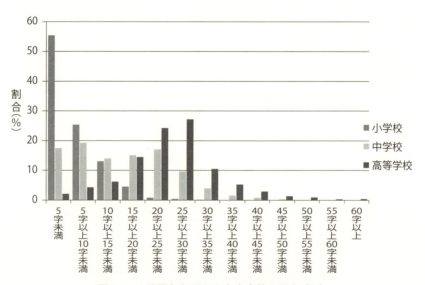

図3.1　1分間あたりの入力文字数の分布（％）

（出所）文部科学省（2017a）

用能力調査を実施した。この調査は CBT（コンピュータ使用型テスト：Computer Based Testing）として実施された。

情報活用能力調査の結果（文部科学省 2015/2017a）によれば，児童生徒は整理された情報を読み取ることには比較的長けているが，複数の Web ページから目的に応じて特定の情報を見つけ出し関連付けるなど「情報の組合せ」による判断が十分でないことが課題であった。また，1 分間当たりの文字入力数が小学校で 5.9 文字，中学校で 17.4 文字，高等学校で 24.7 文字に留まっており，文字入力が思考や表現を妨げてしまっている可能性が示唆された。これらは，ICT を活用して学ぶ経験が希薄であることに起因すると考えられる。

2. PISA 調査

経済協力開発機構（OECD）による「生徒の学習到達度調査」（PISA：Programme for International Student Assessment）は，各国の義務教育修了段階の 15 歳の生徒がもっている知識や技能を，実生活のさまざまな場面で直面する課題にどの程度活用できるかを評価する調査であり，読解力，数学的リテラシー，科学的リテラシーの三分野について調査を行う。

わが国は，三分野ともに毎回平均得点では上位に位置している。2015 年については，2012 年と比較して読解力の平均得点が有意に低下しており，この原因は CBT への慣れの不足だというのが国立教育政策研究所の見解であった（国立教育政策研究所 2017a）。この結果は，情報活用能力調査の結果と同様，ICT を活用して学ぶ経験が希薄であることに起因していると考えられる。

PISA2015 では，同時に協同問題解決能力調査という調査が行われ，学習場面における ICT 活用についても調査されている（国立教育政策研究所 2017b）。「ほかの生徒と共同作業をするためにコンピュータを使う」という利用頻度に関する質問に対して，日本は参加国 47 カ国中 47 番目であった。スマートフォンの所持率や家庭へのインターネットの普及率は世界上位であることをふまえると，情報活用能力の不足は学校における学習場面での

第Ⅰ部　教育の方法

ICT 活用の頻度が他国と比較して著しく低いことに起因していると考えられる。

3. PIAAC 調査

　国際成人力調査（PIAAC：Programme for the International Assessment of Adult Competencies）は，OECD が実施する各国の成人のスキルの状況を把握する調査である。16 歳〜65 歳までの男女個人を対象として，読解力，数的思考力，IT を活用した問題解決能力の三分野について 2011 年に調査が実施された（国立教育政策研究所 2013）。

　わが国の成人は，読解力および数的思考力の二分野において，平均得点で参加国中第 1 位であった。一方，IT を活用した問題解決能力については，コンピュータ調査と紙での調査を選択可能となっていたが，わが国は紙での調査を選択した者の割合が 36.8％であり，OECD 平均の 24.4％を大きく上回った。

　わが国の成人の読解や数的思考のスキルは極めて高く，また ICT を活用できる人はその活用において極めて高いスキルをもっているものの，ICT 活用を選択しない割合が高いことから，ICT を避けている可能性も示唆される。これもまた，ICT を活用して学ぶ経験が希薄であることに起因している可能性がある。

第 3 節　学習指導要領と情報活用能力

1. 学習の基盤となる情報活用能力

　2017（平成 29）年告示の小学校学習指導要領総則の第 1 章第 2 の 2 の（1）には，「学習の基盤となる資質・能力」について以下のように記述されている（括弧内は中学校・高等学校）。

第3章　情報活用能力の育成

> （1）各学校においては，児童（生徒）の発達の段階を考慮し，言語能力，情報
> 活用能力（情報モラルを含む。），問題発見・解決能力等の学習の基盤となる資
> 質・能力を育成していくことができるよう，各教科等の特質を生かし，教科等
> 横断的な視点から教育課程の編成を図るものとする。

　各教科等で育成する資質・能力を，教科等の枠を超えて基盤として支える
資質・能力があるということが書かれているのがこの記述である。各教科等
に留まらない横断的な能力であると同時に，「基盤」という言葉が示すよう
に各教科等の学習においてベースとなって機能する資質・能力として説明さ
れている。

　加えて，小学校学習指導要領の総則の第1章第3の1の（3）には，「児童
がコンピュータで文字を入力するなどの学習の基盤として必要となる情報手
段の基本的な操作を習得するための学習活動」を計画的に行うことが示され
た。ICTを活用する学習活動は，中学校以降においても各教科等において
行われることから，ICTの基本的な操作スキルの習得は小学校において強
く求められていることになる。

　学習指導要領解説の総則編によれば，「学習活動を円滑に進めるために必
要な程度の速さでのキーボードなどによる文字の入力」がまず挙げられてい
る。単にキーボード入力ができるということではなく，学習活動がそれによ
って滞らない程度のスキル習得が期待値となる。

2. 各教科等における情報活用能力の習得や発揮

　小学校学習指導要領では，国語に「第3学年におけるローマ字の指導に当
たっては（中略）コンピュータで文字を入力するなどの学習の基盤として必
要となる情報手段の基本的な操作を習得し，児童が情報や情報手段を主体的
に選択し活用できるよう配慮することとの関連が図られるようにすること」
と記されている。社会には「学校図書館や公共図書館，コンピュータなどを
活用して，情報の収集やまとめなどを行うようにすること」，図画工作には
「コンピュータ，カメラなどの情報機器を利用することについては，表現や
鑑賞の活動で使う用具の一つとして扱う」ことなど，児童によるICT活用

第Ⅰ部　教育の方法

の学習場面が例示されている。そのほか，すべての教科等において，「児童がコンピュータや情報通信ネットワークを積極的に活用する機会を設けるなどして，指導の効果を高めるよう工夫すること」といった記載がみられる。

　中学校学習指導要領では，数学には「コンピュータなどの情報手段を用いるなどしてデータを表やグラフに整理すること」「データを整理し箱ひげ図で表すこと」「無作為に標本を取り出し，整理すること」など，領域「データの活用」における生徒によるICT活用の学習場面が例示されている。理科には「観察，実験の過程での情報の検索，実験，データの処理，実験の計測などにおいて，コンピュータや情報通信ネットワークなどを積極的かつ適切に活用するようにすること」といった記載がみられる。

　限られた授業時数の中で，主体的・対話的で深い学びに導くためのこれらの学習活動を支えるために，情報活用能力が基盤として備わっていることが不可欠である。

第4節　情報モラル教育

1. 情報モラルとは

　先にも述べたように，学習指導要領の総則において，情報活用能力が学習の基盤となる資質・能力として位置づけられている。ここでの記述は「情報活用能力（情報モラルを含む。）」となっており，情報活用能力に情報モラルが含まれることを明示している。

　携帯電話・スマートフォンの普及により，児童生徒の所持率が高くなってきたことに伴って，SNS上でのいわゆるネットいじめや個人情報等の漏洩，インターネット上での匿名による誹謗中傷や炎上，さらには犯罪や違法・有害情報に恒常的に接触する問題，これらの利用の長時間化による生活習慣の破綻など，特に中学生においてさまざまな課題が生じており，情報モラル教育の重要性が高まっている。

　「教育の情報化に関する手引」（文部科学省2010）では，「情報モラル」は「情

36

報社会で適正な活動を行うための基になる考え方と態度」と定義されている。

2. 情報モラル教育における学習活動

　学習指導要領解説総則編によれば，具体的には，「他者への影響を考え，人権，知的財産権など自他の権利を尊重し情報社会での行動に責任をもつことや，犯罪被害を含む危険の回避など情報を正しく安全に利用できること，コンピュータなどの情報機器の使用による健康との関わりを理解すること」などであるとされている。影響の理解と対応，権利尊重や危険回避を伴った行動といったもののうち，ICT や情報社会に関わる部分が情報モラル教育の範疇となる。

　これらの考え方は，情報モラル教育が重視され始めて以来，一貫して変わっていないが，情報技術そのものや，情報サービス，ツール等には大きな変化が生じていることから，学校レベルで児童生徒の活用実態を把握することや，他校や他地域で起こった事案等に関する最新の情報の入手に努める体制を準備する必要がある。例えば，インターネット上に発信された情報は，広く公開される一方で，完全に消し去ることはできないといった，情報や情報技術の特性についての理解に基づいた情報モラル教育である必要がある。

　情報モラルに関する事案の多くは，学習指導と生徒指導のいずれにも関わるものであると同時に，学校内と学校外にまたがるものであり，登場人物が多くなる傾向にあるため，適切な指導体制の確立が必要である。

第5節　小学校プログラミング教育

1. 小学校におけるプログラミング教育とは

　小学校学習指導要領総則には「児童がプログラミングを体験しながら，コンピュータに意図した処理を行わせるために必要な論理的思考力を身に付けるための学習活動」を各教科等の特質に応じて計画的に実施すると記されている。

第Ⅰ部　教育の方法

　また，プログラミングを体験しながら論理的思考力を身につけるための学習場面として，算数では第5学年で「正多角形の作図を行う学習に関連して，正確な繰り返し作業を行う必要があり，更に一部を変えることでいろいろな正多角形を同様に考えることができる場面などで取り扱うこと」，理科では第6学年で「電気の性質や働きを利用した道具があることを捉える学習など，与えた条件に応じて動作していることを考察し，更に条件を変えることにより，動作が変化することについて考える場面で取り扱うものとする」と例示されている。また，総合的な学習の時間では「プログラミングを体験することが，探究的な学習の過程に適切に位置付くようにすること」と留意点が示されている。

　小学校段階でのプログラミング教育は，情報技術に関する正確な理解やコーディング等を期待しているのでもなく，あくまでプログラミング体験を通したプログラミング的思考の育成が目標である。小学校段階でのプログラミング教育は，中学校技術・家庭技術分野の領域「情報の技術」における「情報のデジタル化や処理の自動化，システム化，情報セキュリティ等に関わる基礎的な技術の仕組み」の学習に接続している。さらに高等学校の共通教科情報で必履修科目となる「情報Ⅰ」におけるプログラミングやネットワーク（情報セキュリティを含む），データ活用等の学習に接続している。

2. 小学校におけるプログラミング教育のねらい

　「小学校プログラミング教育の手引（第二版）」（文部科学省 2018）には，小学校におけるプログラミング教育のねらいとして以下の3点が示されている。

---

①「プログラミング的思考」を育むこと
②プログラムの働きやよさ，情報社会がコンピュータ等の情報技術によって支えられていることなどに気付くことができるようにするとともに，コンピュータ等を上手に活用して身近な問題を解決したり，よりよい社会を築いたりしようとする態度を育むこと
③各教科等の内容を指導する中で実施する場合には，各教科等での学びをより確実なものとすること

第3章　情報活用能力の育成

①の「プログラミング的思考」とは，プログラミングを体験することによって身につく，順次・繰り返し・分岐などプログラミングにおける基本的な思考パターンを知ったうえで，それらを論理的な思考として用いることである。

②は，プログラミングの体験をふまえて，自分たちの身の回りにはプログラムされた情報技術がたくさん存在することに気づかせることであり，もっと便利にするためにはどのようにすればよいかを考える態度が期待されている。

③は「各教科等の内容を指導する中で実施する場合には」とあるように，①や②で身につけたプログラミングの考え方を各教科等での学びに活用し，各教科等の学習をより深い学びにしていこうというものである。この場合，一定のプログラミング体験を通してプログラミング的思考が身についていることが必要となる。

第6節　情報活用能力育成のための ICT 環境整備

1. 情報活用能力育成のカリキュラム・マネジメント

学習の基盤となる情報活用能力は，各教科等の学習においてベースとなって機能することが期待されるが，ではいつ身につけさせればよいのだろうか。

例えばキーボードなどによる文字の入力であっても，厳密には OS やサーバ環境，活用するソフトウェアによって操作が異なるが，さほど高い操作スキルが求められているわけではないことから，これらの ICT 操作を伴う学習活動を，各教科等の特質に応じて計画的に実施していくようなカリキュラム・マネジメントが必要となる。

学習指導要領解説総則編には，ほかにも，各教科等において「文章を編集したり図表を作成したりする学習活動」「様々な方法で情報を収集して調べたり比較したりする学習活動」「情報手段を使った情報の共有や協働的な学習活動」「情報手段を適切に活用して調べたものをまとめたり発表したりする学習活動」などが例示されているが，これらの ICT 活用の基本的な操作スキルについては，ある一定期間に集中的に数時間の操作体験をさせたうえ

39

第Ⅰ部　教育の方法

分類			
A. 知識及び 技能	1	情報と情報技術を適切に活用するための知識と技能	①情報技術に関する技能 ②情報と情報技術の特性の理解 ③記号の組合せ方の理解
	2	問題解決・探究における情報活用の方法の理解	①情報収集，整理，分析，表現，発信の理解 ②情報活用の改革や評価・改善のための理論や方法の理解
	3	情報モラル・情報セキュリティなどについての理解	①情報技術の役割・影響の理解 ②情報モラル・情報セキュリティの理解
B. 思考力， 判断力， 表現力等	1	問題解決・探究における情報を活用する力（プログラミング的思考・情報モラル・情報セキュリティを含む）	事象を情報とその結び付きの視点から捉え，情報及び情報技術を適切かつ効果的に活用し，問題を発見・解決し，自分の考えを形成していく力 ①必要な情報を収集，整理，分析，表現する力 ②新たな意味や価値を創造する力 ③受け手の状況を踏まえて発信する力 ④自らの情報活用を評価・改善する力　等
C. 学びに 向かう力・ 人間性等	1	問題解決・探究における情報活用の態度	①多角的に情報を検討しようとする態度 ②試行錯誤し，計画や改善しようとする態度
	2	情報モラル・情報セキュリティなどについての態度	①責任をもって適切に情報を扱おうとする態度 ②情報社会に参画しようとする態度

図 3.2　IE-School における情報活用能力の要素（平成 30 年度版）

で，各教科等で意図的・計画的に ICT 活用を盛り込んだ学習活動を計画することによって身に付けることができる。

　教科横断的に情報活用能力を育成するモデルとして，文部科学省は情報教育推進校（IE-School）による調査研究を実施し，情報活用能力が体系的に整理された（文部科学省 2019）。この調査では，学習の基盤となる資質・能力としての情報活用能力を，「知識及び技能」「思考力，判断力，表現力等」「学びに向かう力・人間性等」の「三つの柱」で整理しており，各学校でのカリキュラム・マネジメントの参考にすることができる。

2. 情報活用能力育成のための ICT 環境整備

　学習指導要領の総則には「各学校において，コンピュータや情報通信ネットワークなどの情報手段を活用するために必要な環境を整え」と記載されている。これは，学習指導要領（平成29・30年告示）においては情報活用能力が学習の基盤となる資質・能力とされていることから，児童生徒が日常的にICTを活用する環境が整備されていることが不可欠であることを背景にしている。

　なお，「各学校において」と記載されているが，厳密にはICT環境整備そのものは設置者の責務であり，義務教育段階においては区市町村が，国において示す整備指針等をふまえつつICT環境整備に精力的に取り組む必要がある。特に今後は，学習者用コンピュータの台数が増えることと，安定的に稼働するネットワーク環境を確保すること，フィルタリング機能の措置や個人情報の漏えい等の情報セキュリティ事故を防止する対策などが現実的な課題となる。

　自治体間格差が大きな問題となっており，ICT環境整備に対する設置者の理解が極めて重要である。文部科学省は，ICT環境整備の基準について公開している（文部科学省 2017b）。

［堀田　龍也］

● 考えてみよう！

- ▶ 日々の生活や学習の中で，情報活用能力が基盤として発揮されている例を具体的に挙げてみよう。
- ▶ 各教科等の学習の中で，児童生徒がICTを活用して学習した方が効果があがりそうな学習内容を調べてみよう。
- ▶ 小学生がプログラミングを体験するための教材にはどのようなものがあるか調べてみよう。

第Ⅰ部　教育の方法

● 引用・参考文献

国立教育政策研究所（2017a）「OECD生徒の学習到達度調査（PISA2015）のポイント」http://www.nier.go.jp/kokusai/pisa/pdf/2015/01_point.pdf（2019.4.1最終閲覧）

国立教育政策研究所（2017b）「OECD生徒の学習到達度調査PISA2015年協同問題解決能力調査―国際結果の概要―」http://www.nier.go.jp/kokusai/pisa/pdf/pisa2015cps_20171121_report.pdf（2019.4.1最終閲覧）

国立教育政策研究所（2013）「国際成人力調査（PIAAC）」http://www.nier.go.jp/04_kenkyu_annai/div03-shogai-piaac-pamph.html（2019.4.1最終閲覧）

文部科学省（2010）「教育の情報化に関する手引」http://www.mext.go.jp/a_menu/shotou/zyouhou/1259413.htm（2019.4.1最終閲覧）

文部科学省（2015）「情報活用能力調査の結果について」http://www.mext.go.jp/a_menu/shotou/zyouhou/1356188.htm（2019.4.1最終閲覧）

文部科学省（2017a）「情報活用能力調査（高等学校）の結果について」http://www.mext.go.jp/a_menu/shotou/zyouhou/detail/1381046.htm（2019.4.1最終閲覧）

文部科学省（2017b）「学校におけるICT環境の整備について（教育のICT化に向けた環境整備5か年計画（2018〜2022年度））」http://www.mext.go.jp/a_menu/shotou/zyouhou/detail/1402835.htm（2019.4.1最終閲覧）

文部科学省（2018）「小学校プログラミング教育の手引（第二版）」http://www.mext.go.jp/a_menu/shotou/zyouhou/detail/1403162.htm（2019.4.1最終閲覧）

文部科学省（2019）「次世代の教育情報化推進事業　情報教育の推進等に関する調査研究」http://www.mext.go.jp/a_menu/shotou/zyouhou/detail/1400796.htm（2019.5.31最終閲覧）

第4章

学習評価

● 本章のねらい ●

　学習評価は，児童生徒の学習状況を把握し，フィードバックする機能だけでなく，学習活動を評価すると同時に学習指導の改善にも活かす「指導と評価の一体化」が重要であり，一連の評価活動を児童生徒の学びと指導の改善に活かし，教育活動全体のプロセスに適切に位置づけることが求められる。本章では，学習評価の基礎的な考え方について，学校における評価活動と対応させて解説していく。

第1節　学習評価とは

　学校での「評価」というと，まず，ペーパーテストや通信簿（通知表）をイメージするかもしれない。それらは評価の一部であり，学校での学習を対象とした評価は，一連の学習指導の中で行われている。例えば，発問や指示への反応をみながら児童生徒を指導する，学習活動の状況をみて指導の在り方を修正する，単元終了後に指導計画全体の見直しを行う，それぞれの場面で学習者の状況を把握し，評価活動が行われている。このように，児童生徒の学習状況の評価においては，学習活動を評価すると同時に学習指導の改善にも活かすこと，すなわち「指導と評価の一体化」を図り，指導の質を高めることが重要である。

第Ⅰ部　教育の方法

　授業の経験が少ない教育実習生は，指導の計画とその評価に関する記録，
児童生徒や学級全体の観察記録を行う際に苦労することが多い。指導の計画
を立案し，指導案を作成する段階では，学習者の実態や授業中の学習者の反
応を推測して書くことが難しいからである。授業後には，授業全体について
の評価はできても，一人ひとりの学習状況，すなわち誰がどの程度，本時の
目標を達成していたかについて十分な情報を得ていないことを経験するだろ
う。特徴のある児童生徒については，授業中の発言や態度，休み時間の対話
などを通してある程度把握できるかもしれないが，目立たない児童生徒につ
いては何も情報を得ていないかもしれない。日々の授業，教育活動を通して
評価情報を蓄積していくためには，評価の方法，場面，対象等を検討し，計
画的に行う必要がある。評価のための評価，児童生徒を序列化する評価とな
らないように留意しながら，一人ひとりの成長を多面的に捉える工夫が求め
られるのである。

第2節　学習指導要領の改訂と評価の変遷

　約10年ごとに改訂される学習指導要領の趣旨が学習評価の基本的な考え
方に反映され，指導要録において具体化されてきた。指導要録は，児童生徒
の学籍並びに指導の過程および結果の要約を記録し，その後の指導に役立た
せるとともに，外部に対する証明等の際の原簿となるものであり，各学校で
の作成が学校教育法施行規則で義務づけられている。指導要録における評価
方法や観点等は，日頃の学習指導と評価において基盤となる考え方や方法を
示すものであり，重要な役割を果たしている。学習指導要領の改訂時には，
指導要録に記載すべき事項や様式等が文部科学省から各教育委員会等に通知
され，各教育委員会等が，所管する学校の指導要録の様式等を定めている。
　1977-78（昭和52-53）年の学習指導要領改訂により，目標の達成状況を観
点ごとに評価する観点別評価が導入された。児童生徒が身につける必要があ
る学力は，知識・技能のみならず，学ぶ意欲や思考力，判断力，表現力など

第4章　学習評価

を含む幅広い学力である。このような学力がどの程度身についているかを的確に把握するため、「関心・意欲・態度」「思考・判断」「技能・表現」「知識・理解」の4つの観点から見た学習状況の評価（観点別学習状況の評価）を行うことになった（観点の数は教科によって異なっているものもある）。観点別学習状況の評価は、各教科の学習状況を分析的に評価するものであり、学習指導要領に示す目標に照らして、その実現状況を観点ごとに評価する。

1998-99（平成10-11）年の学習指導要領改訂時には、評定についてもそれまでの「集団に準拠した評価」から「目標に準拠した評価」に移行している。評定は、観点別学習状況を基本として、各教科の学習状況を総括的に評価するものであり、小学校（第3学年以上）では3、2、1の3段階（「十分満足できる」「おおむね満足できる」「努力を要する」）、中学校では5、4、3、2、1（「十分満足できるもののうち、特に程度かが高い」「十分満足できる」「おおむね満足できる」「努力を要する」「一層努力を要する」）の5段階で評価するものである。観点別学習状況の評価は「目標に準拠した評価」であったが、評定についても同様に行うことになったのである。

目標に準拠した評価は、目標を規準とすることから絶対評価とも言われており（絶対評価には戦前の教師を規準とする評価を指していることもあるので注意する必要がある）、学習指導要領に示す目標がどの程度実現したか、その実現状況を見る評価のことを指す。

一方、集団に準拠した評価は、相対評価であり、学年や学級などの集団においてどのような位置にあるかを見る評価のことを指す。評価の客観性や信頼性を約束する科学的な評価として導入され、偏差値に過度に依存した進路指導が問題とされる現在でも入試等では相対評価が行われている。しかし、以下のような問題点が指摘されている。相対評価では、できない子が必ず存在し、集団の誰かの評価が上がれば、必然的に誰かの評価は下がることになる。そもそも、集団における相対的な位置は示せても、集団全体が到達すべき目標に達成していない場合など、学習状況の実態を示すことはできない。

指導要録には、総合所見および指導上参考となる諸事項について記載する欄もあり、ここには、児童生徒の状況を総合的に捉え、優れている点や長所、

第Ⅰ部 教育の方法

進歩の状況などを取り上げることとなっている。これは，評価の規準を児童生徒自身におき，継続的に評価する個人内評価といわれるものであり，観点別学習状況の評価や評定には示しきれない子供たち一人ひとりの良い点や可能性を積極的に評価しようとするものである。

指導要録は，学校における評価の公式な記録であるが，学習の評価は，日常的に，児童生徒や保護者に説明する必要がある。児童生徒や保護者と評価情報を共有する場合には通信簿（通知表）が用いられる。各学校において，子供自身や保護者に学習状況を伝え，その後の学習を支援することに役立たせるために作成されているものである。その扱い，記載内容や方法，様式などは各学校の判断で適宜工夫されているが，指導要録の記載や様式等がベースになっている場合が多い。

また，調査書（内申書）は，高等学校等の入学者選抜のための資料として作成されるものであり，生徒の平素の学習状況等を評価し，学力検査で把握できない学力や学力以外の生徒の個性を多面的に捉えたり，生徒の優れている点や長所を積極的に評価しこれを活用していくという趣旨のものである。調査書は，各都道府県教育委員会等において，その様式や記載事項が定められている。

このように，指導要録，通信簿，調査書は，それぞれ作成の目的や機能が異なっている。

第3節　診断的評価　形成的評価　総括的評価

これまでに述べた指導要録，通信簿（通知表），調査書（内申書）は，学年末，学期末に実施される総括的評価である。評価が入学試験のように児童生徒を序列・選別するためのものであれば，教育活動の最後に評価を行えばよいということになるが，学力や発達を保証するために行うのであれば，それだけでは十分とはいえない。先に述べたように「指導と評価の一体化」は一連の学習指導の中で行われるべきものであり，学習前の実態把握や，学習活動の

プロセスにおける評価が必要となる。

授業の過程で行われる評価の機能は，実施のタイミングによって診断的評価，形成的評価，総括的評価に大きく分けられる。

1．診断的評価

学習の前提となる学力や生活経験等の実態を把握するために行う評価のことである。新たな単元に入る前に既習事項に関わる知識の程度，習熟度，興味関心などをテストや調査等で調べ，その実態に即して授業の計画に活かすのである。例えば，2位数×1位数のかけ算を学ぶ場合に，九九の習熟が不十分な場合には，単元の開始前に補充指導を行ったり，地域に関する学習の前に，その地域に関する知識や体験等を調べ，その情報をもとに発問や課題を検討したりするのである。その他，学校全体の指導計画や学級編成，学級指導に活かすために入学前や新学年への移行時に必要な情報を得て，その後の指導の方針を検討する場合もある。

2．形成的評価

授業のプロセスで実施される評価活動である。学習目標の到達に向けて計画通りに学習が進んでいるか，学習者がつまずいていないかを確認し，必要に応じて計画を見直し，状況に応じて軌道修正を行う。この評価活動は，修正も含めて，授業中，授業後，単元終了後など，日常的に行われるものである。小テストだけでなく，児童生徒の発言，机間指導，ノートやワークシートのチェックなどの多様な方法によって理解度や定着度を確認し，教師の指導の在り方のみならず，学習活動，学習形態，学習時間等，学習を成立させるために必要な手立てを吟味し，適切に組み合わせて対処することに留意する必要がある。また，形成的評価によるフィードバックが，児童生徒自身が自らの学習状況を把握し，今後の学習活動に活かすことにつながるよう配慮することも重要である。

第Ⅰ部　教育の方法

3. 総括的評価

　総括的評価は，指導要録，通信簿（通知表），調査書（内申書）に代表されるように一定期間の最終的な評価である。一定の内容を指導した単元終了時に行うテストは，次の単元のための診断的評価や一学期，一年間というスパンにおける形成的評価にも位置づけられるが，総括的評価でもある。いずれにもしても，児童生徒の学習目標の達成状況を明確にすることで，教師はこれまでの指導を総合的に判断する材料となる。

　診断的評価に基づく指導計画の作成，形成的評価による計画の見直し，最終的な評価としての総括的評価という一連の評価活動を児童生徒の学びと指導の改善に活かし，教育活動全体のプロセスに適切に位置づけることが重要である。

第4節　評価規準と評価基準

　2000（平成12）年の教育課程審議会答申「児童生徒の学習と教育課程の実施状況の評価の在り方について」を受け，学習指導要領に示す目標に照らして観点別学習状況の評価と評定の両方が目標に準拠した評価として実施されるようになった。この考え方は2010（平成22）年の中央教育審議会教育課程部会報告「児童生徒の学習評価の在り方について」で引き継がれ，学習評価の改善に係る3つの基本的な考え方が示された。

　○　目標に準拠した評価による観点別学習状況の評価や評定の着実な実施

　○　学力の重要な要素を示した新学習指導要領等の趣旨の反映

　○　学校や設置者の創意工夫を生かす現場主義を重視した学習評価の推進

　そして，学習指導要領等の目標に照らしてきめの細かい学習指導の充実と児童生徒一人ひとりの学習内容の確実な定着を目指すために導入された目標に準拠した評価について，文部科学省は，以下のことを行っている。

　○　学校教育法に規定する各学校段階別の目標に基づき，学習指導要領において各教科別の目標と各学年別の目標を規定。

　○　評価の観点は，教育課程部会報告に基づく通知において，教科別の評

価の観点と趣旨，各教科の学年別の評価の観点を示す。

○ 各学校の評価規準設定に資するため，内容のまとまりごとの設定例，単元（題材）ごとの評価規準の設定例は，国立教育政策研究所の参考資料により示す。

2011-2013（平成23-25）年に公表された国立教育政策研究所の「評価規準の作成，評価方法等の工夫改善のための参考資料」では，校種，教科毎に学習評価の基本的な考え方，評価規準の設定例，具体的な評価方法等について示されている。

目標に準拠した評価では，評価基準となる目標を明確にすることが必要となり，この設定をどのように行うのかが課題となるが，国がこうした参考資料を示すことで普及を図ったのである。

ところで，「ヒョウカキジュン」には，「評価規準」の他にもうひとつ「評価基準」がある。田中耕治編『よくわかる教育評価』では，2つの違いが以下のように説明されている。

> 規準とは教育評価を目標に準拠しておこなうということ。すなわち「目標に準拠した評価」という教育評価の立場を表明することばで，これに対し，「基準」は「規準」に従って教師が実際に評価をおこなうときに，それを指標として用いることができるよう具体化したもの。つまり，ある目標（「規準」）について，これがこういうかたちでできていれば5，ここまでであれば4ということを示して，教師に子供の目標に対する達成の度合いや程度を把握させるもの。
>
> （田中 2005：27）

先の参考資料における規準は「おおむね満足できる」と判断される状況として示されている。これを「評価基準」にするためには，3段階では「十分満足できる」「おおむね満足できる」「努力を要する」，5段階であれば「十分満足できるもののうち，特に程度かが高い」「十分満足できる」「おおむね満足できる」「努力を要する」「一層努力を要する」と判断される状況を具体化する必要がある。この具体化の作業を行う時，ルーブリックの考え方が参考になる。

49

第Ⅰ部　教育の方法

> 　米国で開発された学修評価の基準の作成方法であり，評価水準である「尺度」と，尺度を満たした場合の「特徴の記述」で構成される。記述により達成水準等が明確化されることにより，他の手段では困難な，パフォーマンス等の定性的な評価に向くとされ，評価者・被評価者の認識の共有，複数の評価者による評価の標準化等のメリットがある。
> （中央教育審議会「新たな未来を築くための大学教育の質的転換に向けて〜生涯学び続け，主体的に考える力を育成するために〜」答申（平成24年3月）（用語集））

　「十分満足できる」「おおむね満足できる」「努力を要する」の3つの尺度を設定する場合には，それぞれのレベルを満たした場合の評価規準からなる評価基準表を作成することになる。実際の評価場面では，ルーブリックにしたがって教師がどのレベルかを評価することになるが，児童生徒が自分自身のレベルを把握し，上のレベルを目指すために何をすれば良いのかの見通しをもつことが可能となる。

第5節　真正の評価

　2017（平成29）年告示の学習指導要領では，社会に開かれた教育課程が強調され，社会や世界の状況を幅広く視野に入れ，よりよい学校教育を通じてよりよい社会を創るという目標をもち，教育課程を介してその目標を社会と共有していくこと，これからの社会を創り出していく子供たちが社会や世界に向き合い関わり合い，自らの人生を切り拓いていくために求められる資質・能力とは何かを教育課程において明確化し育んでいくこと等，現実の社会，実生活に通用する学力の育成が求められている。評価においても，社会と切り離された状況や課題によって行うのではなく，実生活で直面するような課題によって行おうとする「真正の（オーセンティック）評価」に向けた取組みが求められ，パフォーマンス評価やポートフォリオ評価が注目されるようになった。

50

第4章　学習評価

1. パフォーマンス評価

　パフォーマンス評価は，論述やレポートの作成，発表，グループでの話合い，作品の制作等，子供の多様な学習活動を評価すること，すなわち「パフォーマンスに基づく評価」を意味する。実際には学習者のパフォーマンスを試すパフォーマンス課題を設計し，それに対する活動のプロセスや成果物を評価することが多い。パフォーマンス課題は，現実的な状況や文脈の中で，知識やスキルを活用し，思考・判断して表現する，実践することを求める課題である。学習活動のプロセスで学習活動の一部分や実技を評価の対象とする場合も含み，成果物やプレゼンテーションなどを評価する。テストを始めとする従来型の評価方法では，評価の方法とタイミングが固定されていたが，パフォーマンス評価の方法は多種多様であり，学習者のパフォーマンスに合わせて行われる授業や学習に埋め込まれた評価である。ただし，「真正の評価」であるためには，課題の真正性が授業実践に埋め込まれていることが前提となっていることに留意する必要がある。

2. ポートフォリオ

　ポートフォリオとは，作品，作品を作る過程で生み出されるメモや下書き，収集した資料，活動や自己評価の記録，教師の指導と評価の記録などを，系統的・継続的に蓄積していくものである。

　「ポートフォリオ評価法 (portfolio assessment)」とは，ポートフォリオ作りを通して，学習に対する自己評価を促すとともに，教師も子供の学習活動と自らの教育活動を省察するアプローチである。このプロセスに相互評価を取り入れることの重要性も指摘されている。

　学習プロセスを通した継続的な学習成果物や学習記録などのエビデンスによって，幅広い資質・能力（思考力・判断力・表現力，深い理解，汎用的スキルなど）を評価できる。また，学習の目標を教師と児童生徒が共有することによって，学習の意義が理解しやすくなり，学習意欲を高め主体的，自律的な学習に取り組むことができる。

　このポートフォリオの学習プロセスにおいて収集できうるあらゆる学習エ

51

第Ⅰ部　教育の方法

ビデンスを，情報技術を用いて継続的に蓄積した電子データやそのためのシ
ステムをeポートフォリオという。例えば，高大接続ポータルサイト「JAPAN
e-Portfolio」は，高校生が学校の授業や行事，部活動などでの学びや自身で
取得した資格・検定，学校以外の活動成果や学びを記録し，情報を蓄積する。
教師は，生徒一人ひとりの入力内容を閲覧でき，面談前や年度末に，生徒と
ともに内容を確認し，振り返ることで，継続的な「主体的な学び」に向けた
指導に役立てることができる。さらに，このデータは大学入試時に利用でき
るようになっており，高等学校教育，大学教育，大学入学者選抜の三者の一
体的な改革に活用され始めている。

第6節　児童生徒の学力実態の把握のための全国調査，国際比較調査

　評価方法の一手段であるテストは，標準テストの開発等によって妥当性（測
ろうとしているものを本当に測れているか）と信頼性（測ろうとしているものを正
確に測っているか）を高め，客観的な評価方法として定着しており，児童生
徒の学力実態の把握のための全国調査，国際比較調査が行われている。

1.　全国学力・学習状況調査
　日本では，2007（平成19）年度から全国学力・学習状況調査が実施され，
その目的は以下の通りである。

・義務教育の機会均等とその水準の維持向上の観点から，全国的な児童生
　徒の学力や学習状況を把握・分析し，教育施策の成果と課題を検証し，
　その改善を図る。
・学校における児童生徒への教育指導の充実や学習状況の改善等に役立てる。
・そのような取組を通じて，教育に関する継続的な検証改善サイクルを確
　立する。

52

全国学力・学習状況調査の結果等を学校，教育委員会が活用・分析し，学力や学習状況等に課題の見られる学校の改善，地域内の学校が共通に有しており，地域的に解決が求められている課題や，地域的な事情等から個々の学校のみでは解決が困難な課題等の改善に取り組んでいる。

　2018（平成30）年度の調査では，抽出校の保護者約14万人へのアンケートも同時に行われ，保護者の年収や学歴など家庭の社会・経済的背景を指標化して4階層に分け，テストの平均正答率と比較している。その結果，いずれの教科でも階層が高くなるほど正答率が高いことが明らかになっている。ただし，日ごろから本や新聞に親しんだり，規則正しい生活を促したりしている家庭の子供は，親の収入や学歴が高くなくても正答率が高い傾向にあった。

2. 国際比較調査

　代表的なものとして，義務教育修了段階（15歳）において，これまでに身につけてきた知識や技能を，実生活のさまざまな場面で直面する課題にどの程度活用できるかを測るOECD（経済協力開発機構）による生徒の学習到達度調査（PISA）と初等中等教育段階における児童生徒の算数・数学および理科の教育到達度を国際的な尺度によって測定し，児童生徒の学習環境条件等の諸要因との関係を分析するIEA（国際教育到達度評価学会）による国際数学・理科教育動向調査（TIMSS）がある。

　前章でもみたように，PISAでは，2000年から3年ごとに15歳3カ月以上16歳2カ月以下の学校に通う生徒（日本では高等学校1年生）を対象に読解力，数学的リテラシー，科学的リテラシーの三分野と，生徒質問紙，学校質問紙による調査を実施している。2015年に実施されたPISA2015では，科学的応用力2位，数学的応用力5位，読解力8位であり，初めて実施された「協同問題解決能力調査」では，参加52カ国・地域中2位，OECD加盟の32カ国中では1位だった。この調査では生徒はコンピュータを使い，複数の仮想人物とチャット形式で会話をしながら与えられた課題にチームで取り組み，「複数人で知識やスキルを出し合い，問題解決を試みる過程で効果的に取り組む力」を測るものと説明されている。なお，このようなコンピュータを用

第Ⅰ部　教育の方法

いて出題，実施される CBT（Computer Based Testing），e テスティングはすで
に TOEIC や TOEFL 等ですでに実用化されており，今後，日本でも大学入
試への導入や資質・能力の評価に活用されるだろう。

　TIMSS では，1995 年から 4 年ごとに 9 歳以上 10 歳未満の児童，13 歳以
上 14 歳未満の生徒（日本では小学校 4 年生，中学校 2 年生）を対象に算数・数学，
理科と児童・生徒質問紙，教師質問紙，学校質問紙による調査を実施してい
る。主に学校で学んだ内容について，「知識」「技能」「問題解決能力」の習
得状況を評価する。2015 年に実施された PISA2015 では，日本は全 4 教科
の平均点でいずれも，過去最高の成績となり，全教科で 5 位以内に入った。
一方，算数・数学が楽しいと答えた小 4 は 03 年の 65％から今回は 75％に，
中 2 は 39％から 52％に改善したものの，中 2 の国際平均（71％）と比べて引
き続き大きな差がみられ，他の国・地域との差がみられた。

　こうした国レベル，世界レベルの学力調査に加え，都道府県・指定都市が
実施する独自の学力調査等は，広くカリキュラム評価や学校評価に生かすこ
とが可能である。ただし，結果に過度に反応したり，テスト対策を行うなど，
競争のための評価とならないよう留意する必要がある。

第 7 節　2017（平成 29）年告示の学習指導要領における評価

　2017（平成 29）年告示の学習指導要領における評価については，中央教育
審議会「幼稚園，小学校，中学校，高等学校及び特別支援学校の学習指導要
領等の改善及び必要な方策等について（答申）」（2016 年 12 月 21 日）で，基本
方針が以下のように示されている。なお，指導要録の改訂等，具体的な評価
のあり方については，中央教育審議会初等中等教育分科会教育課程部会児童
生徒の学習評価に関するワーキンググループで審議が行われ，2019 年 1 月
に「児童生徒の学習評価の在り方について（報告）」が公表されている（コラ
ム参照）。

54

○ 今回の改訂においては，全ての教科等において，教育目標や内容を，資質・能力の三つの柱に基づき再整理することとしている。これは，資質・能力の育成を目指して「目標に準拠した評価」を実質化するための取組でもある。

○ 今後，小・中学校を中心に定着してきたこれまでの学習評価の成果を踏まえつつ，目標に準拠した評価を更に進めていくため，こうした教育目標や内容の再整理を踏まえて，観点別評価については，目標に準拠した評価の実質化や，教科・校種を超えた共通理解に基づく組織的な取組を促す観点から，小・中・高等学校の各教科を通じて，「知識・技能」「思考・判断・表現」「主体的に学習に取り組む態度」の3観点に整理することとし，指導要録の様式を改善することが必要である。

○ その際，「学びに向かう力・人間性等」に示された資質・能力には，感性や思いやりなど幅広いものが含まれるが，これらは観点別学習状況の評価になじむものではないことから，評価の観点としては学校教育法に示された「主体的に学習に取り組む態度」として設定し，感性や思いやり等については観点別学習状況の評価の対象外とする必要がある。

他方，中央教育審議会「学校における働き方改革特別部会」の議論等において，学習評価を行うに当たっての負担感が取り上げられ，実行可能性についても問われている。平成29年度文部科学省委託調査「学習指導と学習評価に対する意識調査報告書」（平成30年1月浜銀総合研究所）では，全校種で「評価規準の作成」，小学校では「指導要録の記載」や「通知表の記載」，中学校では「単元テストや定期テスト，評価課題の作問や採点」，高等学校では「評価方法や評価結果の扱いについての教員間での共通理解」について相対的に負担感が大きくなっていることを明らかにしている。また，指導要録の記載についても「総合所見及び指導上参考となる諸事項」について，さらに小学校では「外国語活動の記録」や「総合的な学習の時間の記録」についても負担が大きい傾向がみられている。教員の負担軽減にも配慮した学習評価の充実のためには，統合型校務支援システム等の導入の必要性が指摘され

第Ⅰ部　教育の方法

ており，指導要録への記載など学習評価をはじめとした業務の電子化による効率化などを図ることが求められている。

［野中　陽一］

● 考えてみよう！

▶ これまでに自分自身が受けてきた評価がどのような方法，考え方に基づいて行われたのか，どのような影響があったのかについて考えてみよう。
▶ 一人ひとりの成長を多面的に捉えるために，日々の授業，教育活動を通してどのように評価情報を蓄積すれば良いか，現実的な方法について検討してみよう。

● 引用・参考文献

国立教育政策研究所（2011）「評価規準の作成，評価方法等の工夫改善のための参考資料」http://www.nier.go.jp/kaihatsu/shidousiryou.html（2019.7.23 最終閲覧）
国立教育政策研究所（2019）「学習評価の在り方ハンドブック」（小・中学校編）（高等学校編），https://www.nier.go.jp/kaihatsu/shidousiryou.html（2019.7.23 最終閲覧）
田中耕治編（2005）「よくわかる教育評価」ミネルヴァ書房
中央教育審議会（2018）「幼稚園，小学校，中学校，高等学校及び特別支援学校の学習指導要領等の改善及び必要な方策等について（答申）」http://www.mext.go.jp/b_menu/shingi/chukyo/chukyo0/toushin/__icsFiles/afieldfile/2017/01/10/1380902_0.pdf（2019.7.23 最終閲覧）
中央教育審議会（2019）「児童生徒の学習評価の在り方について（報告）」http://www.mext.go.jp/b_menu/houdou/31/01/__icsFiles/afieldfile/2019/01/21/1412838_1_1.pdf（2019.7.23 最終閲覧）
文部科学省（2010）「児童生徒の学習評価の在り方について」中央教育審議会教育課程部会報告，http://www.mext.go.jp/b_menu/shingi/chukyo/chukyo3/004/gaiyou/attach/1292216.htm（2019.7.23 最終閲覧）
文部科学省（2018）平成 29 年度文部科学省委託調査「学習指導と学習評価に対する意識調査報告書」（平成 30 年 1 月株式会社浜銀総合研究所），http://www.mext.go.jp/b_menu/shingi/chukyo/chukyo3/080/siryo/__icsFiles/afieldfile/2018/09/05/1406428_9.pdf（2019.7.23 最終閲覧）

第4章　学習評価

● COLUMN ●

▶ 「児童生徒の学習評価の在り方について（報告）」の公表

　2019年1月に，中央教育審議会初等中等教育分科会教育課程部会「児童生徒の学習評価の在り方について（報告）」が公表され，同年3月には「小学校，中学校，高等学校及び特別支援学校等における児童生徒の学習評価及び指導要録の改善等について（通知）」が示された。

　学習評価の改善の基本的な方向性として，以下の3つをあげ，各教科における評価の基本構造を示している。

① 児童生徒の学習改善につながるものにしていくこと
② 教師の指導改善につながるものにしていくこと
③ これまで慣行として行われてきたことでも，必要性・妥当性が認められないものは見直していくこと

　また，「これまで，評価規準や評価方法等の評価の方針等について，必ずしも教師が十分に児童生徒等に伝えていない場合があることが指摘されている」ことから，「どのような方針によって評価を行うのかを事前に示し，共有しておくことは，評価の妥当性・信頼性を高めるとともに，児童生徒に各教科等において身に付けるべき資質・能力の具体的なイメージをもたせる観点からも不可欠であるとともに児童生徒に自らの学習の見通しをもたせ自己の学習の調整を図るきっかけとなることも期待される」という指摘がなされている。

　指導要録の見直しについては，「「総合所見及び指導上参考となる諸事項」など文章記述により記載される事項が，児童生徒本人や保護者に適切に伝えられることで初めて児童生徒の学習の改善に生かされるものであり，日常の指導の場面で，評価についてのフィードバックを行う機会を充実させるとともに，通知表や面談などの機会を通して，保護者との間でも評価に関する情報共有を充実させることが重要である。これに伴い，指導要録における文章記述欄については，例えば，「総合所見及び指導上参考となる諸事項」については要点を箇条書きとするなど，必要最小限のものにとどめる。」と負担感への配慮も見られる。

　さらに「学校の実態に応じ，効果的・効率的に評価を行っていく観点から，デジタル教科書やタブレット，コンピュータ，録音・録画機器等のEdtechを適切に活用することで，例えば，グループに分かれたディスカッションでの発言や共同作業におけるグループへの貢献，単元を通じた理解状況の推移など，教師一人で十分に見取ることが困難な児童生徒の様々な活動や状況を記録したり，共有したりしていくことも重要である」といった評価におけるテクノロジー活用についても言及されている。

　これらの報告や通知等を受け，国立教育政策研究所は，学習評価の基本的な考え方やポイントをまとめ，教師向け資料「学習評価の在り方ハンドブック小・中学校編」および「学習評価の在り方ハンドブック高等学校編」を作成し，公表している。

［野中　陽一］

第Ⅱ部

教育の技術

第Ⅱ部　教育の技術

第5章

授業づくりの構成要素

●―――― **本章のねらい** ●――――

　よい授業がしたい。どのように授業すればよいのだろうか。これは教師にとって永遠のテーマではないだろうか。授業づくりの構成要素について考えることは，その助けとなるはずである。本章では，読者が授業の構成要素を考えることで，授業を行う際は，より意識的に授業を構成できること，授業を参観する際は，より豊かな視点から授業を分析できることをねらいとする。

　「授業は生き物」と表現する教師がいる。授業というものが，教師が思い描いているようにはならないことや，周囲の環境や参加者による相互作用で，時には大きく変化することなどを表現した言葉と思われる。発問や児童生徒との受け応えの言葉遣いのちょっとした違いで，授業が大きく変わってしまったと思う経験は教師なら誰しもあるのではないだろうか。そのような授業において教師には，授業の進行状況を察知し，適宜支援していく技倆が求められている。そのためには，授業づくりの構成要素にどのような特徴や機能があるか考えることが大切になる。本章では，授業を構成する要素を学習環境デザインの視点から参加者，空間，時間，その他要素と大別し，解説する。各要素は便宜的にいずれかの属性に記述したが，一般に複数の属性をもつと考えられるので，複眼的に見ることが大切である。また，授業づくりを別の側面から考えると，計画，実施，評価の3つに捉えることもできる。計画，評価は他の章で解説されているので，ここでは実施の面から捉えること

60

第5章　授業づくりの構成要素

のできる授業の構成要素を主に解説する。

　授業は，教授と学習，受容学習と発見学習，意図的計画的な指導と主体的な学習，習得と探究，基礎と発展，抽象と具体，帰納と演繹，自と他，個と集団，個別と一斉，認知と身体などたくさんの対構造を抱え込んでいる。極端に走るのではなく，不易流行，温故知新，どこかに中庸が存在するはずであり，それを現実の時空間において，止揚する営みが授業ではないか。そのためには，授業を構成する要素について，当たり前と思われることでも改めて捉え直すことが大切と考える。

第1節　参加者

　授業の中核をなすのが，児童生徒と教員，その相互作用と考えられる。以下では，児童生徒とそれらの集団としての学級，班・グループ編成まで視野に入れ解説する。

1. 児童・生徒

　児童生徒をどのような存在とみなすかは，授業づくりに大いに影響する。まっさらな状態で教師から知識を授けられるものとして受動的・静的な存在とみなすか，今までの知識や経験を活かして判断し能動的に知識を更新していく存在とみなすかで，自ずと授業は違ってくるだろう。

　児童生徒は，家庭環境，育成歴，性格，好み，さまざまな属性をもっている。児童生徒に関する問題を考えるとき，教師は児童生徒に対する先入観をもっていることを自覚しながら，それらの属性を問題の原因に安易に帰さず，いろいろな可能性を考慮することが大切になってくる。多面的・重層的な見方が行えるのが，熟達した教師と考えても良いだろう。

2. 学級

　「一学級の児童数は，法令に特別の定めがある場合を除き，四十人以下と

第Ⅱ部　教育の技術

する。ただし、特別の事情があり、かつ、教育上支障がない場合は、この限りでない。」（小学校学校設置基準　第四条）と定められている。ここから、学年40人以下であれば、1学級、41人であれば、21人と20人の2学級に分かれることとなる。児童生徒1名の差で学級の人数や教員の人数が変わるため学校や保護者にとって、学年末の児童生徒の異動は特に大きな関心事となる。また、小学校1年生の学校生活への適応が円滑にいかない「小1プロブレム」の増加があり、小学校第1学年は35人以下となった（2011年）。さらに、「学級編制の弾力化」が図られ、自治体独自の少人数学級採用が広がってきた。また、2つの連続した学年で14人までであれば、複式学級として、1つの学級にしている。

　このように学級は、同一学年あるいは2つの連続した学年で構成されるのであり、次のような特性が生じる。4月生まれと3月生まれが同じ学級にいることで、生まれてからの時間に約1年間の差があり、発達に差が生じるという見方ができる。教師として、児童生徒の能力差を、生まれ月の差に安易に帰するべきではないが、個人差の一要素として把握しておく必要はあるだろう。一方で、約1年間の差しかないという見方もできる。異なる学年で「縦割り班」やペア学年、兄弟学級などを構成して活動することにより、意図的に異年齢集団で学べるよう工夫をしている学校もある。

　学級の人数により、子供たちのコミュニケーションが変わることもありうる。少人数の学級では、安定した人間関係となるが、切磋琢磨が少なくダイナミックさにかけるという傾向が多くの教師の「実感」ではないだろうか。また、教育効果という点では「規模縮小が教育効果を高めるという証拠のほうが多いのである」（杉江 1996）という報告もあれば、学力とはほとんど関係がないという報告（赤林 2011）もある。教育効果、学力などは多数の要素が複雑に関係しているものであり、単純に判断はできないが、いずれにせよ、人数によるなにかしらの変化がありうるという視点をもち、それに対応した授業を考えることが大切である。

第5章　授業づくりの構成要素

3. 班・グループ編成

　授業では，教師と子供の1対1の関係が子供の数だけあるのみではなく，子供同士の相互作用もとても大切である。そこで，教師は学習形態の工夫をする。規模で分類すれば個人，ペア，小集団（班），全体学習，進度で分類すれば個別学習，一斉学習，目的で分類すれば個人，集団というように。その基盤となるのが班・グループ編成であり，さまざまな能力に応じて編成したり，生活班をそのまま流用したり，性別を考慮したりする。それぞれの特徴を見極め，必要に応じて使い分けることが求められる。

4. 教員

　教師の機能として，専門家，計画者，教授者，ファシリテータ，情報提供者，学習管理者，モデル，メンター，共同学習者，改革者，省察的実践者，研究者の12が挙げられている（藤岡 2000：201）。また，教師は演者（アクター）や反省的実践者と表現されることもある。教師が自らをどのような存在とするか，自らでデザインすることも大切になってきている。なにより，「学び成長し続ける者のみが教えることを可能にするのであり，教育者は，何よりもまず良き学び手でなければならない」（佐藤・稲垣 1996：28）という佐藤学の指摘を，まずは真摯に受け止めたい。

第2節　空間

　空間の機能は意識して見直さないと，見えてこない場合が多い。空間に関する授業の基本的な構成要素として，教室，特別教室・体育館，運動場，机・椅子，教卓などについて解説する。

1. 教室

　多くの教室（普通教室）は約7m×約9m あるいは約8m×約8m の間取りである。校舎の日当たりの良い側に教室を，良くない側に廊下を設けることが

多い（片廊下形式）。右利きの児童が多いので，手で影ができにくいよう，教室の前方（黒板）は西側に配されることが多い。窓側は，日射しで眩しかったり，外部の音が聞こえたり，雲が見えたりする。一方，窓側は，比較的寒かったり，廊下を通る足音が聞こえたりする。どちらも学習の妨げになりうるので配慮を要する。

　教室は，外部と半ば遮断された環境にあり，学習に集中しやすく，自分たちのクラスという身内意識が醸成しやすいが，教師の独善的な「学級王国」を形成しやすいとも考えられる。近年では，オープンスペースとして，廊下側の壁を取り去った構造にしたり，複数の教室をつなげ普通教室より広い空間とした多目的室を設けたりすることが増えている。オープンスペースは，大きな空間を生かして多様な活動が展開でき，学級の様子が学級外に伝わるので，教員が相互にアドバイスを行え，同僚性が醸成しやすいことが考えられる。一方，他の学級の音や振動，ときには雰囲気までも伝わって来るので，集中しにくい児童がいることも考えられる。そのため，ロッカーや本棚などの配置を工夫し，落ち着いて学習できる狭い場所を提供するなどの工夫がされていることがある。

2. 特別教室・体育館

　多くの学校に理科室や音楽室などそれぞれの教科に使いやすいように設計された教室があり，普通教室との違いを意識して授業を行うことが大切である。例えば，理科室では，実験机が置かれ，通路が幅広く作られるので，安全に実験を行いやすい。しかし，長方形の間取りになりがちなので，普通教室よりも，教師と子供の間に距離ができ，存在を遠く感じ，表情を捉えにくく，つぶやきも拾いにくくなるなどが考えられる。そのため，クラス全体で検討を行うときなどは，黒板の前に児童を集めて行うなどの工夫がある。

　体育館では雨天に左右されずにある程度広い空間で授業を行うことができるので，各種の発表会やパフォーマンスの場として優れていることはいうまでもないだろう。そのため体育以外でも活用されることが多い。例えば，空気の流れが少なく，平らな床の広大な空間が，小学校第3学年理科「風やゴ

第5章 授業づくりの構成要素

ムの働き」の学習に格好の条件となっている。

3. 運動場（校庭）

運動場は学校設置基準に設置が定められている。地域にとって貴重な平面的空間を提供するので，地域の行事で使われることも多い。体育で活用されることが多いが，動植物，空，風，見通しなどさまざまな事物を提供する運動場（校庭）は他の教科でももっと活用できるのではないか。

4. 机・椅子

普通教室では床に固定されていない一人用の机や椅子が使われていることが多い。複数をさまざまに組み合わせて，学習形態を構成することができる。

また，特別教室には，それぞれに対応した机や椅子が使われていることが多い。小学校の理科室の実験机は多くの場合2人ずつ向かい合い4人で使用するタイプのものが多い。児童が向かい合って座るので，教師の指示は幾分通りにくいかもしれないが，児童同士の意思疎通は起こりやすいと感じられる。

小学校の40人学級では，黒板に正対する向きに2つの机を接して1単位として並べ，その単位を4列（列を「島」や「川」と表現することがある）5段配列しているのではないだろうか。机を一つひとつばらばらに散開させるのと授業に対する効果はどう違うのだろうか。また，机をコの字型に並べたり，扇形に展開したりする例も見られる。授業の段階が習得的なのか活用的なのか，個別の活動が中心なのかクラス全体で話し合うことを重視するかなど，さまざまな状況に応じて使い分けることが大切である。

5. 教卓・教師用机

多くの学校の教室には，立って使うのに適した高さの教卓がある。場合によっては，教壇も設置されているだろう。小学校では，座って使うのに適した教師用の事務机があるのをよく見かける。特に，教卓と教壇について「中心から放射状にのびる監視のまなざしの位置とその中心点を示しているのであり，上意下達的な伝達システムの中心にいる教師を権威化する機能をはた

第Ⅱ部　教育の技術

しているのである」(佐藤・稲垣 1996：66) という佐藤の表現がある。そのため，教卓を黒板の前に置かず，境界を取り払って授業を行うこともある。それによってできた空間は，ちょっとした劇やロールプレイなど児童の表現が行える場となる。

　教師用机をどこに配置するか，児童数により決まる児童机の配置など物理的な制約と教師の考えにより決まってくる。窓側の教室前方か後方，廊下側の教室後方の3箇所のいずれかがほとんどだが，伝統的に教室前方窓側が多いと思われる。これに対し，子供を「監視」することのないように，壁に向くよう事務机を配置する教師もいる。

6. 間取り

　教室の空間をどのように構成するか，学習環境デザインの視点から工夫が行われている。学級文庫を活用してミニ図書室を設けたり，生き物コーナーを設けたり，畳を敷いてくつろぐスペースを設けたりする例がある。

7. 掲示物

　特別支援教育の考え方から，掲示物に関する配慮が行われるようになってきつつあり，集中力を欠くことがないようシンプルな教室環境を志向する教師が増えてきているように感じる。それでも，教室後部を中心に学習の経過がわかるような掲示物や，季節感のある掲示物を配置するなどの工夫がある。

第3節　時間

　「自分の意見を書きましょう。時間は3分間。はい始め。」などと，教室でタイマーを利用する教師は多い。時間を支配することは古くから権力の証とされてきた。教室にもそのような構造が見いだせるかもしれない。本節では，授業における時間に関する構成要素について解説する。

第5章 授業づくりの構成要素

1. 時限

　1時限の長さは，小学校では45分間，中学校では50分間が多くの学校で採用されている。しかし，授業時数の確保などの観点から，15分間で1単位などとする「モジュール」を採用したり，40分間を1時限としたりする学校もある。

　1時限の中にも，いろいろな時間的要素がある。授業の展開は，導入，展開，まとめという形が一般的だが，小学校では，つかむ，よそうする，調べる，まとめるの4段階や，自然事象への働きかけ，問題の把握・設定，予想・仮説の設定，検証計画の立案，観察・実験，結果の整理，考察，結論という問題解決の過程などがある。それらの過程を，授業の流れや児童の興味・関心，理解の度合いなどから，そのように時間配分していくかが大切になる。

　子供にとって，学習の型，授業の流れが決まっていると，授業の見通しが得られやすく，安心して授業を受けられる利点がある。教師にとっても「ラク」である。だからこそ，型にとらわれると，学習の展開が形式化し，形骸化するおそれもあることに注意が必要であり，必然性のある学びになっているか振り返るようにしたい。

2. 週時程・時間割

　児童生徒は時刻によって様子が異なることがある。朝は比較的集中力があるが，午後になると集中力が欠けやすい。午前中に授業を4時限組む小学校は多いが，多くは2時限目と3時限目の間に休憩時間を設けている。3時限目は運動してスッキリとした状態で迎える子と，疲れていささか集中力に欠ける子がいたりする。曜日で考えると，週明けの月曜日は，調子が今ひとつという子がいるというのは，教員であればだれしも経験があると思われる。教師はこれらのことを加味しながら時間割を組む。子供は時間割を思ったより気にしているもので，この授業の後は体育があって楽しみだなどと思ったり，時間割を変更すると困惑したりする児童は思いのほか多いものである。時刻や曜日，時間割に関係した子供たちの身体的・心理的状況を考えてみる必要があるだろう。

67

第Ⅱ部　教育の技術

第4節　教材・教具

　教材には教育内容が含まれ，教具には含まれないという考えもあるが，厳密に分けることが難しく生産的でない場合があり，教育内容とも厳密に分けることは難しいことがある。今日では教育内容やその物理的実体までを幅広く「教材」とまとめて呼ぶことが多い。本節では，教育内容ではなく，道具としての教材・教具を解説する。また，ICT機器は第7章で解説されているため，本節では詳しくは扱わないこととする。

1.　教科書，副教材

　教科書や副教材は，「小学校においては，監督庁の検定若しくは認可を経た教科用図書又は監督庁において著作権を有する教科用図書を使用しなければならない」（学校教育法　第34条），「前項の教科用図書以外の図書その他の教材で，有益適切なものは，これを使用することができる」（同法同条の2）と規定されている。この規定は，小学校以外の中学校，中等教育学校，高等学校，義務教育学校も準用することとなっている。また，「学校において，教育課程の構成に応じて組織排列された教科の主たる教材として，教授の用に供せられる児童又は生徒用図書」（教科書の発行に関する臨時措置法第2条）と教科書は主たる教材の地位を法的に定められている。

　教科書は，教科書会社と学識経験者や現職の教員を中心とした編集協力者により，長い時間と手間をかけて作られている。そのため，よく練られた内容となっているが，必然的に最大公約数的に作られており，目の前の児童生徒にふさわしい内容となっているかは教師がよく検討する必要がある。

　教科書に関して，「教科書を教える」「教科書で教える」という表現がある。教科書にある内容を単に教授するだけでなく，子供が教科書の内容を自ら学習する授業となれば，教科書に書いてあることを超えて学びが生じるし，そうであるべきという考えを表していると考えられる。

2. 黒板・ホワイトボード

　電子機器が発達した現代においても，黒板を補う機器は多々登場するも他の物となかなか置き換わらない。それだけ，多様な機能や使い勝手の良さがあるのだろう。黒板は，授業の経過を文字情報だけでなく図形情報も含め保存し，基本的にはその授業時間中，一度に閲覧することができる。また，比較的，かき消しが容易であり，児童にも扱い得る。また，電源などが不要で，起動しない，反応しないなど，授業に「間」が空くことが少ない。ただ，板書中に教師は黒板の方を向きがちであり，児童との紐帯が弱くなることを課題と捉える教師もいる。

　黒板は，チョークを使用するため，粉塵が舞い，粉塵の処理に手間がかかることや，プロジェクタで投影することも考慮し，ホワイトボードが設置されることも増えてきた。ホワイトボードは，黒板と書き味がかなり異なることのほか，塗りつぶすのに手間がかかる。しかし，粉塵が舞いにくく，地の色とペンのインクとのコントラストが高く見やすいという利点もある。

3. テレビ・録画装置

　普通教室には，ほとんど備えられているが，PC やインターネット回線の充実により活用されることが少なくなってきていると感じる。今でも，優れた放送番組や映像は多々あるため，必要に応じて活用するようにしたい。

4. プリント教材

　文字や図の静的な記録が主なメディアであるが，教師の自作の教材であれば，教える子供を想定して作ることができる。短時間で複製可能で，一人ひとりに配布できる。プリント教材は書いて利用するよう設計すれば，書くという能動的な行為で思考を顕在化できる点に魅力がある。

5. その他

① 紙芝居・ペープサート

　小学校中学年程度まで利用されることが多いが，内容や使い方に留意すれ

第Ⅱ部　教育の技術

ばもっと上の学年でも有用と思われる。聞き手の表情を捉えやすく，ページめくりの間のとり方の工夫や，絵の内容を質問したりでき，話し手と聞き手のやり取りが行いやすい。

② 掛図・拡大コピー

　大きな図が物理的に目の前にある効果を教師は実感していることと思う。特に拡大コピー機は，手軽に教科書の紙面を拡大でき，注目すべき箇所や授業で話題となっている箇所を視覚的に示すことができる点が優れている。

第5節　授業の展開

1. 教師の信念

　それぞれを明確に分離することは難しいが，授業について知識を教授する場と捉えるか，教師と子供が共同で知識を更新していく場と捉えるかというような授業観，大切にするのはリーダーシップかマネジメントかというような指導観，抽象度が高くとも学問的に正統なことを教えると考えるか，具体的な身近な生活に根ざすことを教えるかというような教材観などがある。これらの教師の信念は，子供にも伝わり学級文化などに大きな影響を及ぼすと考えられる。

2. 教授行動

　子供中心的な授業を想定して梶田は，見守る，気づかせる，呼びかける，発問する，モデルを提示する，関連情報を提供する，説明をする，まとめをする，支持する，体験をさせる，確認をする，励ましをするという12の働きかけで授業を分析している（梶田 1992：230）。例えば発問一つとっても，「開いた発問」(問いの答えが多様にある発問) や「閉じた発問」(問いの答えが一つないし非常に限られた発問) などさまざまな分析の視点がある。

70

3. 規範・規律

　授業には明示的であれ，非明示的であれ多くのルールが存在している。例えば，授業中は基本的に椅子に座って受けるものだ，他者が発言しているときは黙っている，先生の言うことは聞くものだ，課題が終わったら静かに待っているべきだ，などがあるだろうか。子供たちにとって主体的な学びとなるために本当に必要なルールは何か。問い直す必要があるだろう。例えば，児童が課題を時間内に終わらせることができたとする。ここで，児童が他の子の考えを知りたくて立ち歩いたとする。授業中に立ち歩くことは推奨されない教室が多いだろう。しかし，このような児童の行動は，主体的に学んでいる姿とみることはできないだろうか。とはいっても一定の規律にもとづく秩序は大切だろう。放縦が許された空間では主体性を発揮するのは難しい。

[川上　真哉]

● **考えてみよう！**

▶ 今まで自分が受けてきたり参観したりした授業について，それらの構成要素を挙げ，教師の意図や，授業への影響などについて考え，表現してみよう。
▶ いくつかの授業を参観し，教師と児童・生徒の発話分析を行い，それぞれの特徴について話し合ってみよう。また，授業づくりの構成要素の特徴とそれによる効果を考えてみよう。
▶ 授業づくりの構成要素を意識して，指導案を作ってみよう。

● **引用・参考文献**

赤林英夫（2011）「学級規模縮小が学力に与えた効果の分析」『日本教育社会学会大会発表要旨集録』第63巻：406

梶田叡一（1992）『教育評価［第2版］』有斐閣双書

佐藤学・稲垣忠彦（1996）『授業研究入門』岩波書店

杉江修治（1996）「学級規模と教育効果」『中京大学教養論叢』第37巻1号：147-190

日本教材学会編（2013）『教材事典』東京堂出版

藤岡完治（2000）「教師の役割」日本教育工学会編『教育工学事典』実教出版社，pp.201-203

第Ⅱ部　教育の技術

第6章

授業技術

───● **本章のねらい** ●───

　授業技術をどれだけ知っているか，どれぐらい活用できるかということは，授業実践をするうえで重要である。授業技術はすでに明治時代から存在し，板書の教授法が当時の文献に記載されている。現在の授業技術は長い時間を経て発展してきたものである。本章では，発問，指示，板書等の基礎的な授業技術の役割と技法について述べる。そのうえで，授業技術の活用のための留意点について記し，読者が授業技術の知識を広く得ることを意図している。

第1節　授業技術とは

　授業の質を高めるために，授業技術は不可欠である。同じ学年に同じ教材を使って授業を行っても，授業技術が優れた教師と経験の浅い教師では児童生徒の学習意欲や学びの深さが異なる。授業は，教師の適切な授業技術とともに成り立っている。

　授業技術とは，授業のねらいを達成するための教師の教授行為である。発問や指示といった教師の発話の技術，学習内容や児童生徒の反応を黒板に適切に表現する板書の技術，目的に応じて記させるノート指導の技術というように，授業技術はいくつも存在する。そして，どの授業技術にも基本的な役割と原則があり，その原則に基づいて実践を行えば一定の効果が得られる。

72

より質の高い授業を行うためには，教師が授業技術の方法だけではなく，このような役割や原則を知ることが大切になってくる。以下，第2節から具体的な授業技術を述べる。

第2節　発問

1．発問の役割

　教師の発話には，発問，指示，説明がある。授業において，教師からの一方的な指示や説明が続くと，児童生徒の学習態度は受動的になりがちである。学習意欲を高める方法の一つとして発問を教師が行うことで，児童生徒の思考は促され，学習意欲は高まる。また，一つの発問により，学級の話し合い活動が活発になることもある。学習を活性化するという点で，発問の果たす役割は大きい。

2．発問の種類と効果

　古藤泰弘は，発問を，そのねらいから以下のように類型化している（沼野1986：106）。

●拡散的発問…学習課題の明瞭な把握や授業の発展への布石となる発問
●対置的発問…具体的な思考活動を誘発する発問
●収斂的発問…授業のスムーズな進展のために理解度を確認する発問
●示唆的発問…授業の停滞から脱出のための発問

　拡散的発問は，多くの反応や考えが広く出てくるようにする発問である。例えば，導入で一つの資料について「思ったことや気づいたことは何か。」と発問をする。児童生徒からは，「○○が多いのはなぜだろう？」「○○だからではないか。」というように，学習課題への意識が高まっている反応が次々に出てくる。このような場合が当てはまる。また，授業が進み，新たな方向に導く場合にも，この拡散的発問は有効である。

73

第Ⅱ部　教育の技術

　対置的発問は，複数の対立的な考えが出てくるようにする発問である。一つの発問に対して異なる考えが出た場合，その内容を追究することで学習は深まる。特に，「あなたはこの意見に賛成か，反対か。その理由は何か。」というように，自分の立場を明確にせざるをえない発問は，自分の考えを焦点化したり，異なる立場の考えを理解したりするのに有効である。

　収斂的発問は，「三角形の面積を求める公式は？」「『要約』とは？」というように理解度を確認するための発問である。回答をすぐに引き出すことができるので，テンポよく発問することができる。ただし，反応する児童生徒に目を向けるだけではなく，理解不十分な児童生徒にこそ注意が必要である。

　示唆的発問は，児童生徒の反応が停滞した時や，つまずきが見られた場合に行う発問である。児童生徒にとり有効な発問の準備があらかじめ必要である。

　授業中の発問は，ほとんどがこの４つに分けられる。授業展開のどの場面でどの種類の発問を使っていったら効果的なのか考慮しながら，発問を組み立てていくようにしたい。

3. 発問を生かすための留意点

　発問を授業で生かすためには，次の点に留意することが必要である。

○ 簡潔で，明快な言葉で問いかける

　児童生徒にとって，何を考えなければいけないか，簡潔かつ明快な言葉で発問をしたい。複数の発問を重ねたり，発問のあとに長い説明をしたりすることがないようにする。

○ 重要な発問は視覚情報として残す

　授業のねらいに直結する重要な発問は，問いかけをするだけではなく，板書等の視覚情報として残すようにする。支援が必要な児童生徒にとっては，聴覚と視覚の両方の情報が入ることで，思考しやすくなる。

○ 考える時間を十分にとる

　思考を促す発問の場合には，考えさせる時間を十分に保障する。発問し，すぐに指名し，一部の児童生徒で授業を進めることがないようにする。

74

第6章　授業技術

○　発問の難易度と順番を考える

　1単位時間でいくつかの発問を準備する際，その難易度と順番を考えるようにする。導入で易しい発問で授業への参加意識を高め，その後，第二，第三の発問を提示して授業の核心に入っていくのが望ましい。

第3節　指示

1. 指示の意義

　発問は児童生徒の思考を促すが，指示は学習者である児童生徒に行動を促す。発問の後の指示の有無で児童生徒の学習活動は変わってくる。例えば，写真を提示して，「気づいたことは何か。ノートに5分間，書きなさい。」と発問の後に指示を加えることで，児童生徒は一定時間，自分の思考をまとめる活動が保障される。「気づいたことは何か。」という発問のみならば，児童生徒はすぐに発表することを求められることになる。

　適切な指示は適切な学習活動の流れを作る。「活動の保障」「活動の明確化」という点で指示の果たす役割は大きい。

2. 指示の原則

　適切な指示には次のような原則がある。

○　短く明確に伝える

　指示に多くの内容が含まれていると徹底されにくい。「○○についてグループで話し合います。3分です。はじめ。」というように，短く明確に伝えるようにする。

○　目安や具体的なものを入れる

・「4分間で3つ以上，ノートに書きなさい。」

・「忍者のように静かに走ります。」

　これらは，「ノートにたくさん書きなさい。」「静かに走ります。」という指示より伝わりやすい。目安や具体性があることで，児童生徒の行動の変容が

75

第Ⅱ部　教育の技術

期待できる。

○ 他の学習活動に応用できるように伝える

　「最初に『○○の考えに賛成です』というように結論から話します。次に『理由の1つ目は，2つ目は……』と理由を加えなさい。」というように手順や方法が具体的であれば，児童生徒も活動しやすいし，他の学習場面でも応用できる。

○ 集中させる方法で指示する

　児童生徒が集中するのは，大声の指示とは限らない。もともと集中しているような場合や大事な話の際には，小さくゆったりした声の方が耳に残る場合がある。また，「2つ見つけます。」と言って2本の指を立てたり，「口をこのように開いて歌いましょう。」と実演したりするような動きを入れた指示は，視覚に訴える効果がある。

○ ICT 機器を活用して伝える

　視覚情報を確実に伝達するために ICT 機器を活用する。例えば，原稿用紙の使い方の学習で「題は3マスあけて書きます。」という指示を，実際に大型モニターやスクリーンに原稿用紙の実物を投影し書き込む様子を映すことで指示はさらに伝わりやすくなる。

3. 指示の使い分けの留意点

　指示をより効果的にするために次の点に留意したい。

○ 適切なタイミングで指示を出す

　指示が多すぎることは時として学習の妨げとなる。逆に必要なタイミングで適切な指示を出さないことも学習の効率を下げる。児童生徒の状況を把握して，適切なタイミングで指示を出すようにする。

○ 指示する学習活動の目的を伝える

　指示する学習活動の目的を児童生徒に伝えておくことは，活動意欲を喚起する点で効果がある。「『3分間で感想を5行以上書きなさい。』という指示は，限られた時間で多くの考えを書く力を自分につけるためのものだ。」とその目的を自覚すると取組み方も変わってくる。

76

第6章　授業技術

○ 指示後に評価する

　「指示した通り，気づいたことを5つ以上書いています。合格です。すばらしい。」というように，指示した内容について適切な評価をすることは，児童生徒の学習に対する満足度を高める。指示の大切さを理解してもらう点でも大切である。

第4節　板書

1．板書の役割

　板書は，学習内容を黒板に文字や絵図，表等で表す教授行為である。授業時間には教師や児童生徒が多くの言語活動を行うが，それらの多くは記録には残らない。板書にはその言語活動の記録化ができ，児童生徒がその情報を視覚的に受けとることができる特徴がある。教師にとっては，1時間の学習の流れについて順序性をもたせた情報提示ができたり，児童生徒の考えを黒板に記録することが可能となったりする。児童生徒にとっては，板書はノートに学習内容を記録する際の対象物であり，得られた情報から新たな思考活動を生み出す手がかりになる。

2．板書の技術

　板書の技術には次のようなものがある。
・学年に応じた適切な文字で板書する。小学校であれば，低学年は15cm四方，中学年は10〜12cm四方，高学年は8〜10cm四方が目安となる。さらに，ひらがなは小さくする等，文字によって大きさを変えることも必要である。
・白色チョークを基本として，強調したい部分では他の色チョークを使う。その際，児童生徒と「黄色チョークで板書された強調部分は，赤色でノートに書く」というようにノートに書き写す約束事を決めておく。
・縦書きの場合には，右側から左側に書く。横書きの場合には，左側上方から下方に書くが，全体を2つか3つに区切ると見やすい。ただし，最初に

77

第Ⅱ部　教育の技術

中央部分に学習課題を書くというように，変化をつける場合もある。
・見出しやキーワードを他の文字より大きく書いたり，記号を組み入れたり
　することで，黒板全体に動きや変化をもたせることができる。
・1時間の授業で黒板1面分を全体的に使うことが基本となる。児童生徒の
　考えを板書する場合には，あらかじめその場所を確保しておく。書く場所
　がなくなり，必要な情報を消すようなことがないようにする。
・児童生徒の考えを板書する場合には，発表のつど書くのではなく，まとめ
　て要点を見やすく書くようにする。

3.　児童生徒の板書

　黒板は教師の専用のものではない。学習活動によっては，児童生徒が板書
した方が情報提示の効率化が図られる。例えば，理科実験の結果をグループ
ごとに書く場所を設けておき，そこに結果と考察を書くようにすれば比較が
しやすい。どのような場面が児童生徒の板書に適切か考えたうえで活用する
ことが望ましい。

第5節　ノート指導

1.　ノートの機能

　授業におけるノートには次のような機能がある。
○　学習内容の記録のための機能
　授業時に板書内容を中心に記録することで，その内容を覚えるだけではな
く，見返すことで後の学習に役立てることができる。
○　基礎的な練習のための機能
　漢字や計算等の定着を目的とした練習に使う。練習のための記入様式を整
えることで，効率は高まる。
○　思考活動を深めるための機能
　調べたり，話し合ったりした内容を，文字だけではなく，表や図等に表現

することで，思考活動を深めることができる。

○ 学びを整理するための機能

　授業のまとめや振り返りを記入することで，1時間での学びを整理することができる。

　1時間の授業では，これらの機能を組み合わせてノート指導を行う。教師がどの場面でどの機能を使うのか意識しておくことが大切である。

2. ノート指導の基本技法

　児童生徒のノートの技能は自然に身につくものではない。具体的な技法を示しながら実際にノートを活用させることを蓄積することで，その技能は身につく。手本として示しやすいものは教師の板書である。工夫された板書，わかりやすい板書をそのまま写すことが基本的な型の習得につながる。

　ノートの基本技法として，記号の活用があげられる。「番号を書く」「囲みをする」「矢印を使う」といった技法は小学校低学年から指導することが可能である。さらに，区切りの線を引いたり，見出しを入れたりして，全体のレイアウトに注意を払うことで，より見やすいノートになる。また，図や表，吹き出し等，整理のためのツールも学習内容に応じて活用していくのが望ましい。これらの基本技法は，その方法を指導するだけではなく，その技法を使う意義を話し合うようにすることで，活用のための意欲が増す。

3. ノート指導における教師の支援

　ノート指導は大切なことではあるが，児童生徒が授業時間の多くをノートの記録のみに費やすことは望ましいことではない。逆に，発言はよくするがノートをとらないという例もノート技能を身につけない結果となる。授業のねらいを達成するために適切にノートを活用していくことが大切であり，教師は担任する学年レベルでどのようなノート技能を児童生徒が身につけたらよいか，考える必要がある。

　そのためには，授業におけるノートについて，板書のうちどこの部分をノートに記すのか約束事を決めておいたり，ノートに自分の考えを書く時間を確

第Ⅱ部　教育の技術

保したりするようにする。また，ノート評価では見やすさだけではなく書かれている内容を重視することが大切である。

第6節　話し合い活動

1. 話し合い活動の意義

　授業では1時間の中に，話し合い活動が設定されることが多い。その目的は，話し合い活動を通じて授業のねらいや学習課題の解決に近づくことにある。実際の話し合い活動では次のような意義がある。

・自ら話す機会が増えるので，積極的な授業参加につながる。特に，話すことに抵抗感をもつ児童生徒にとり，少人数での話し合いはその抵抗感を減らすことができる活動となる。

・他の考えを聞くことにより，自分の考えに自信をもったり，広げたりすることができる。自分と共通する考えの場合には児童生徒は安心を得たり，自信をもったりする。また，逆に違う考えを聞いた場合には自分の見方・考え方を広げる機会になる。

2. 話し合い活動の方法

　話し合い活動を規模で分けると，グループ（ペアを含む）による話し合い活動と学級全体の話し合い活動に大別できる。

　グループ活動は少人数なので先に述べたように参加しやすいよさがある。反面，少人数でも発言に抵抗感をもっている児童生徒がいる場合には，グループ編成に配慮し，その子が参加しやすいグループに所属させることが必要である。これはペアでの話し合い活動でも同様である。

　学級全体での話し合い活動では，教師がリードする場合と児童生徒だけで話し合う場合が考えられる。教師がリードする場合には，積極的な発言者だけを指名するのではなく，意図的な指名から多くの児童生徒の考えを引き出すことが大切である。児童生徒だけで話し合い活動を行う場合，学級会のよ

80

うに司会役や議長がいるのであれば，事前に進行の指導をして話し合いを進めるようにする。それ以外で児童生徒に話し合いを任せる場合でも，事前に話し合い活動のルールを決め，マナーを指導したうえで行うようにする。話し合い活動が停滞したり，ルールやマナーに逸脱した児童生徒がいたりした際には，教師が適切な関わりをもつようにする。

3. 発言の指導

話し合い活動を活発にするために発言の指導は欠かせない。発言に消極的な児童生徒がいる場合，その要因を考察する。「安心して発言できる雰囲気ではない」「考える時間が十分ではない」「発言の仕方がわからない」といった原因が出てくるであろう。教師は学習阻害に即した対応策を講じるようにする。一人ひとりの発言を認め合う価値観を学級に醸成したり，話し合い活動の前に自分の考えをノートに書く時間を保障したりする。このような発言指導が基盤となり，話し合い活動が活性化する。

第7節　教師の動き

1. 教師の立ち位置と姿勢

授業形態に応じて，教師は立ち位置を変えていく。一斉授業の場合には黒板の前に位置し児童生徒を真正面に見る。グループで学習活動に取り組んでいる場合には，各グループを回りながら指導をする。一般的には，このような立ち位置が基本である。

ただし，立ち位置は学習状況によって変える必要がある。話し合い活動の場合，板書をする必要がないのなら，教師は黒板の前にいる必要はない。教師が教室の後ろや横に位置することにより，発言する児童生徒とのやりとりが学級全員に見やすい形になる。児童生徒の発言も正面前方ではなく，学級全員に向けて話す形になる。また，校庭での授業で児童生徒が太陽の光を真正面に受ける場所に位置すると，その眩しさから教師に視線を向けられない

第Ⅱ部　教育の技術

場合がある。そのような際には，教師が太陽に体を向ける位置に立つようにする。

　板書時の教師の姿勢も大切である。黒板に正対して書くことは丁寧に思われるが，体で文字が隠れて見えにくくなる場合がある。教師が児童生徒に体を斜めに向けながら板書をする技術を身につけておくことが必要である。

　このような教師の立ち位置や姿勢の変化は，児童生徒の学習のしやすさのためのものである。どういう立ち位置や姿勢が教育効果を上げるのかということを意識していきたい。

2. 机間指導

　個別指導とは，児童生徒が個別あるいはグループで学習活動に取り組んでいる際に，教師が活動の様子を観察したり，指導をしたりすることである。次のような目的がある。

・児童生徒が学習課題に対して取り組んでいることの確認
・児童生徒の学習課題についての解答内容の確認
・学習課題につまずいている児童生徒への支援，および取組みが早く終わった
　児童生徒への指示
・児童生徒への評価
・次の学習展開への情報収集

　学習活動や学習内容に応じて上記の比重は変わってくる。例えば，つまずきが予想される学習内容の場合には，個別の解答内容を確認し，取り組み状況が芳しくない児童生徒に状況に応じた示唆を与える。思考した内容に応じて次の学習展開が決まるという場合には，その内容にした理由を確認し教師の説明に生かすこともある。また，全体の指導では時間をかけにくい個別への励ましができる点が個別指導の長所である。「よく考えたね」と評価したり，ノートに丸をつけたりすることで，児童生徒の学習意欲は高まる。

　ただし，無意識のうちに特定の児童生徒に支援が集中したり，同じ順番に確認することが癖になったりすることは避けなければいけない。また，個別

第 6 章　授業技術

の支援で話す声が大きく，他の児童生徒の学習の妨げになる場合には配慮が
必要である。

［佐藤　正寿］

● 考えてみよう！

▶ 授業技術にはどのようなものがあるか。基礎的な例をいくつか取り上げ，
その役割と具体的な技法，使う際の留意点について述べてみよう。

▶ 児童生徒の学習意欲を高めるために，あなたはどのような授業技術を使っ
て実践していきたいと考えるか。具体例をもとに話し合ってみよう。

● 引用・参考文献

大西忠治（1987）『授業づくり上達法』民衆社

大西忠治（1988）『発問上達法』民衆社

河野義章編（1986）『わかる授業の科学的探究　授業研究法入門』図書文化

佐藤正寿（2013）『教師の力はトータルバランスで考える』さくら社

佐藤正寿（2015）『スリー・ステップでものにする授業のすご技 34』フォーラム A

柴田義松編（2015）『教育の方法と技術（改訂版）』学文社

篠原正典・荒木寿友編（2018）『教育の方法と技術』ミネルヴァ書房

沼野一男編（1986）『教育の方法と技術』玉川大学出版部

沼野一男・平沢茂編（1989）『教育の方法・技術』学文社

平沢茂編（2018）『三訂版　教育の方法と技術』図書文化

第Ⅱ部　教育の技術

● COLUMN ●

▶ 優れた授業技術の基盤には学級づくりが存在する

　私が小学校教員としてスタートを切った1980年代半ばは，教師の授業技術に関わる書籍が数多く出版されていた時代だった。教育雑誌でも，授業技術の特集が組まれ，「プロの技術・アマの技術」という言葉が話題になっていた。若手教員で，一人前の授業の技量を早く身に付けたいと願っていた私は，それらの情報を貪るように読み，実践し，記録化していった。

　やがて，「本物のプロ教師の授業を参観したい」という思いから，授業名人と言われていた教師の教室に，学校公開研究会の折に出かけた。教師の授業技術を学ぶために参観したのだが，圧倒されたのが子供たちの姿だった。家庭学習で追究してきたことを次々と発表する子供たち。教師のゆさぶり発問に対して，さらに発言を続ける子供たち。どの子たちも明るく，ユーモアがあり，発言するだけではなく，よく話も聞いていた。授業名人は学級づくり名人でもあった。

　「学級づくりで子どもたちを育てているからこそ，教師の授業技術が効果的なのだ」ということを痛感した参観授業であった。若い頃にそのような授業に出会えた幸せを感じている。　　　　　　　　　　　　　　　　　　　［佐藤　正寿］

84

第7章

ICT を活用した学習指導

● **本章のねらい** ●

わが国の学校における ICT 活用の現状，児童生徒の興味・関心を高め，課題を的確につかませるための教員による ICT 活用や，児童生徒による ICT 活用および教材研究の考え方などを理解する。

第1節　学校における ICT 活用の現状

社会人であれば，その能力は ICT (Information and Communication Technology) を活用する能力，換言すれば情報活用能力を含めて評価される。紙と鉛筆のみで業務を遂行してみせても，ICT をうまく活用した人以上の評価を得るのは難しい。特に，今や1人だけで仕事を進めることはあり得ない。情報を共有したり，再利用したりするためにも ICT を使う。そういった意味で考えれば，多くの学校での学習や入試が，特に鉛筆や記憶に依存して問われるのは，ひどくいびつなのだといえる。児童生徒に資質・能力を育もうと考えれば，今や，常に活用できる ICT が手元にあるのは当たり前である。そして，その指導のために教員も ICT を活用するのは当然となる。

しかし，そうした日常的な ICT 活用に向けて，いくつかの問題がある。OECD「国際教員指導環境調査」(国立教育政策研究所 2014) によれば，わが

第Ⅱ部　教育の技術

国の「生徒が課題や学級の活動に ICT を用いる」指導を頻繁に行っている教員の割合は 9.9％（平均 37.5％）と最下位であり，授業における ICT 活用は著しく遅れている。

　学校だけが問題なのではない。OECD による成人を対象とした学力調査である「国際成人力調査」（国立教育政策研究所 2013）によれば，わが国は読解力も数的思考力も 1 位と大変に素晴らしいが，IT を使った問題解決能力は 10 位と大きく後退する。つまり，紙と鉛筆であれば 1 位であるが，ICT の活用能力を含むと順位が落ちる。裸足で走れば速いけれども，スパイクシューズを履いて試合に出ると負けてしまう，そんな原始的な状況ともいえる。

　さらに，ガートナージャパン（2018）が行った主要先進国 7 カ国で実施したデジタル・ワークプレースに関する調査結果では，「日本の従業員は，他の先進国に比べて IT スキルが低く，IT 装備が古いという結果が出るなど，働き方改革を実現していくうえで，さまざまな問題がある」と指摘されている。

　このように教員をはじめとする社会人の ICT 活用に関する調査で，日本が進んでいるという報告はあまりみられない。先に述べたとおり，社会人はICT を活用する能力も含めて評価される。諸外国と比較して，わが国の社会人の遅れた感覚が，取り返しのつかない状況を生まないか，少し心配である。

　一方で，生徒が ICT を活用すれば，資質・能力が育まれるというほど，単純ではない。例えば，内閣府（2018）の「平成 29 年度青少年のインターネット利用環境実態調査」によれば，高校生の 71.5％が平日 1 日あたり 2 時間以上インターネットを活用している。特に高校生の 4 分の 1 強にあたる 26.6％が 4 時間以上である。それだけ活用しているのだから，さぞ生徒たちのスキルが高いのではと思う。しかし，PISA2015 の調査結果によれば，「日本は国際的に見ると引き続き，平均得点が高い上位グループに位置している。一方で，前回調査と比較して，読解力の平均得点が有意に低下しているが，これについては，コンピュータ使用型調査への移行の影響などが考えられる」と報告されている。つまり，コンピュータ使用型調査にすると，順位が有意に低下するほど，15 歳の ICT 操作スキルは低い。

　さらにいうならば，そもそも授業で ICT を活用できないのではないかと

いう問題がある。文部科学省（2018）による「学校における教育の情報化の実態等に関する調査」では，PC1台当たりの児童生徒数は6.7人である。また，最も整備が進んでいる鹿児島県で3.1人，最も遅れている埼玉県で9.6人である。ICTの整備率が低いだけではなく地域差も大きい。

現状，普通教室向けのタブレットPCの整備がニュースになることがあるが，多くのケースでは学校全体で40台程度とのことである。大人数でPCを共用するために，電源を入れたり，ログインしたり，ファイルを開いたりすることにすら習熟できていない児童生徒は多い。基本的な操作にも時間を取られる結果，学習成果が得られず，学習にICTは役立たないのではないかといった意見すら生まれている。

本章では，このような現状を踏まえつつ，ICT活用の最初の一歩を述べる。

第2節　授業におけるICT活用

1. 授業におけるICT活用の形態

授業におけるICT活用は，①教員によるICT活用，②児童生徒によるICT活用に分けて考えるとよい（図7.1）。

教員によるICT活用の目的は，教科の目標を達成するためである。教科書や教材等を大きく映す（拡大提示）活用が最も多い。児童生徒の視線を集

教員によるICT活用

児童生徒によるICT活用

図7.1　授業におけるICT活用の形態

中させたり，教員の説明を分かりやすくしたりする効果が得られる。また，児童生徒がICTを活用する授業であっても，同時に，教員のICT活用も行われることが一般的である。すべての教員にとって，最も基本的なICT活用といえる。

　一方の児童生徒によるICT活用の目的は，教科の目標を達成するためのみならず，情報活用能力の育成のためにも用いられる。具体的なICT活用としては，パソコンやタブレット端末等を用いて，インターネットの情報を収集したり，表計算ソフトで整理・分析したり，レポートにまとめたり，プレゼンをしたりすることなどが挙げられる。

2. 授業において活用されるICT機器
○ 大型テレビ，プロジェクタ，電子黒板
　いずれもコンテンツを大きく映すための機器である。このうち特に電子黒板は，画面上をタッチ操作して，接続されたパソコンを操作できる特徴がある。わが国の小学校と中学校では大型テレビが最も普及しており，高校ではプロジェクタが最も普及している（文部科学省 2018）。
○ パソコン，ノートパソコン，タブレット端末
　教員は，これらを大型テレビ等に接続して，指導者用デジタル教科書やデジタルコンテンツ等を拡大提示するために活用することが多い。

　児童生徒向けには，画面をタッチ操作可能なタブレット端末が活用されることが多く，単にタブレットといわれることもある。インターネットの情報検索やプレゼンテーションによる表現など，さまざまな活用がなされる。アメリカやオーストラリア等ではキーボード付きのノートパソコンの活用が多い。わが国においても，教育振興基本計画において，タブレット端末であったり，ハードウェア式のキーボード付きの情報端末が推奨されている。
○ 実物投影機（書画カメラ）
　カメラによって教科書やノート等を映すための機器である。教具や植物などの実物や，書道や半田付けなどのやり方を教える際にも活用できる。仕組みが単純なため，教員の工夫によりさまざまな活用がしやすい万能なICT

第7章　ICTを活用した学習指導

であり，機器のトラブルがあっても対応しやすい。

○ デジタル教科書

主に教員が活用するための「指導者用デジタル教科書」と，主に児童生徒が活用するための「学習者用デジタル教科書」に分けられる。指導者用デジタル教科書は，教員が教科書紙面を大型テレビ等に拡大提示するために用いられることが

図7.2　実物投影機で電子黒板にノートを拡大提示して自分の考えを発表
児童の視線を集中させやすい。

多く，ほぼすべての教科書会社から提供されている（図7.3）。学習者用デジタル教科書は，紙の教科書に代わるものとして期待されているが，現時点で，実際に提供されているものは少ない。実際に学習者用デジタル教科書を活用

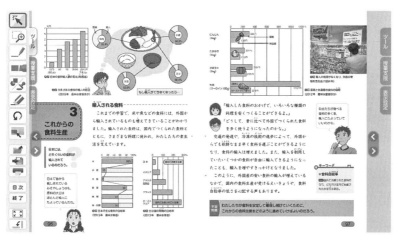

図7.3　指導者用デジタル教科書の例
教科書紙面と同じ内容を拡大提示しやすくなっている。

（出所）教育出版「小学社会5年」

89

した授業を行うと，それを指導者用に使うケースがあったり，逆に指導者用を学習者が用いることがあることから，こうした区別はいずれなくなるのではと思われる。

○ デジタルコンテンツ

学習用の動画や画像をデジタル化して，インターネット等で入手しやすくしたもののことである。例えば，NHK for School では，放送された番組の視聴はもちろんのこと，関連する動画や静止画を利用することができる。

○ アプリケーションソフトウェア

インターネットを閲覧するためのブラウザをはじめ，ワープロ，表計算，プレゼンソフトなどのことである。小中学生向けに使いやすくした学校専用のものもある。また，最近では，タブレット端末の特性を活かした学習ソフトウェアも多い。さらに，電子黒板では，画面の保存等を有効にするために専用ソフトウェアが必要とされるが，こういったハードウェアの活用のためのソフトウェアもある。

第3節　教員による ICT 活用

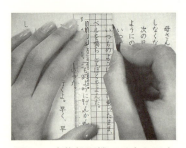

図 7.4　実物投影機で手本を示す
お手本を見せることで，線を引く位置だけではなく，定規の使い方，両手の動かし方なども伝えている。
(出所) 高橋 (2016：96)

1. すべての基本となる ICT 活用

教員による ICT 活用は，授業における ICT 活用の基本である。そして，その ICT 活用の大部分は，教科書や教材等の拡大提示である。

教科書等を拡大提示しながら，教員が話すことで，より興味関心を高める発問になったり，言葉だけでは困難なことをわかりやすく説明したり，明確な指示をしたりすることができる。特に，学力が低位の児童生徒には，拡大提示を用いて

伝えた方がわかりやすい。

　図7.4は，教科書の大事な箇所に線を引く指導場面である。実物投影機で拡大提示することで2つのことを教えている。「線を引く位置」と「線の引き方」である。定規の向きや手の位置といったことも，教員がお手本となり教えている。他にも，答え合わせのシーンを拡大提示すれば，正解のみならず，答えの合わせ方も伝えることができる。教員が教えたいのは，正解そのもののみならず，導き方や学習スキルも含めてである。学力の底上げを図りたい教員にとって役立つ活用方法である。

2．拡大提示のための ICT 活用のポイント

　教員が教科書や教材等を拡大提示して学習指導する際は，映す内容，つまり，① 拡大提示する教材の選択が重要となる（情報提示）。しかし，どんなに素晴らしい教材であっても，拡大提示しさえすれば児童生徒が学習するわけではない。加えて，② どのように拡大提示するか（焦点化），③ 何と教師が話すか（発話），についても適切な検討を行い，それらを組み合わせて指導を行うことがポイントとなる（図7.5）。これら3つが，教員による教材の拡大提示を学習指導として成立させるためのポイントになる。それぞれを詳細化するならば，図7.6になる。

① 拡大提示する教材の選択（情報提示）

　拡大提示する教材としては，学習のねらいに基づいた教材，教員が口頭だけでは説明しにくいと感じている教材，児童生徒がつまずきやすい学習内容に関する教材などが選択されることが多い。

② 焦点化

　どのように拡大提示するか

図7.5　教科書や教材等の拡大提示
① 情報提示，② 焦点化，③ 発話
の3点がポイント。

第Ⅱ部　教育の技術

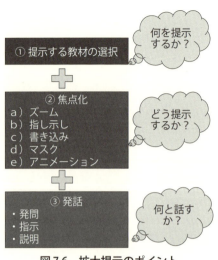

図7.6　拡大提示のポイント
各事項の適切に組み合わせて，わかりやすく伝える。

(焦点化)の手法は，a）ズーム，b）指し示し，c）書き込み，d）マスク，e）アニメーションの5つに分けられる（高橋ら 2012）。多くの場合で，この5つのいずれかの方法を，単独あるいは組み合わせて提示の工夫をすることが多い。

　a）のズームの最も基本的な方法は，学習指導に関係する箇所だけをズームし，不要な部分を提示しないことである。加えて，学習のねらいに基づいて，ある一部分だけをズームして提示することで，気づきを促したり，見えていない部分を想像させたりするためにも使われる。

　b）の指し示しは，教員が，指や指し棒などで，教材を指し示す方法である。教員による発話に合わせて，丁寧に指し示すことで，児童生徒の視線をより集中させることができる。

　c）の書き込みは，教材の上に，書き込みを行うことである。電子黒板を利用している場合はペン機能を用いたり，プロジェクタを黒板やマグネットスクリーンに投影している場合はチョークやホワイトボードマーカーで書き込んだり，パソコンの機能を用いて書き込んだりもできる。書き込みの実現方法はさまざまであるが，効果は大きく変わらない。教員による発話や児童生徒の発言に合わせて，そのポイントを書き込んでいくことが重要である。

　d）のマスクは，教材の一部分を隠すことである（**図7.7**）。例えば，教科書の太字部分だけを，付箋紙で隠し，めくっていくような方法である。

　e）のアニメーションは，動的に変化の様子を見せたり，徐々にグラフデータを見せたりする方法である。静止画だけでは伝えにくい内容を動的なアニメーションで見せることは，理解を促すために有効な方法である。一方で，

第7章　ICTを活用した学習指導

動画といった自動的に進んでいく表現だけではなく，教員の操作によって，任意のグラフの棒の一つひとつが提示されていくといった方法もある（図7.8）。

③ **教員の発話**

　最も重要と考えられる。そもそも，発問，指示，説明といった教員による発話を，より豊かで確実なものにするために，ICTによる教材等の拡大提示があるといえる。

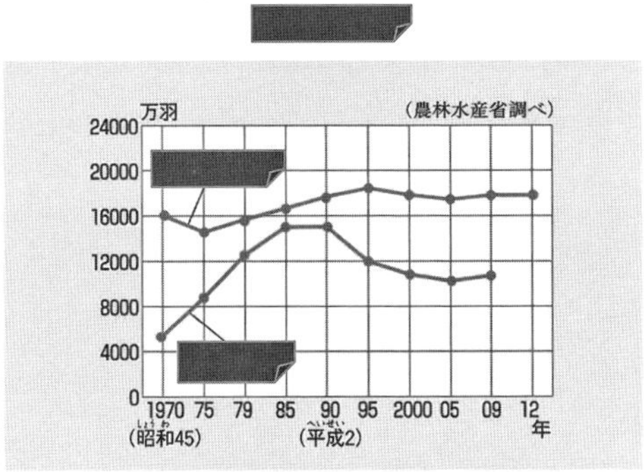

図7.7　重要部分をマスクする

（出所）チエル（CHIeru），「小学校の見せて教える社会科5年生」https://www.chieru.co.jp/products/jr-school/misete-shakai/（2019.06.05最終閲覧）より。

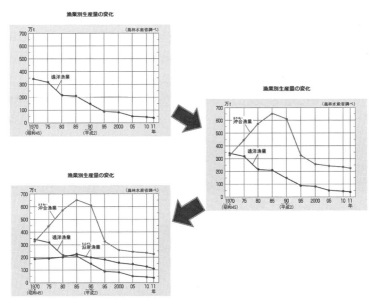

図7.8　少しずつ提示する

（出所）図7.7に同じ。

第Ⅱ部　教育の技術

3. ICT 選択の考え方

　教員による ICT 活用は，先に述べたとおり，そのほとんどが教科書・教材等の拡大提示である。その際，必ず「映す内容」＋「大きく映す機器」で実現される（**図7.9**）。映す内容には，デジタル教材，指導者用デジタル教科書，実物投影機で映した教科書などのコンテンツが挙げられる。大きく映す機器には，プロジェクタや電子黒板などが挙げられる。重要なのはどちらか？を考えれば，映す内容といえるだろう。家庭にあるテレビを例にすれば，大事なことは 4K であるとか，65 インチであるとか，そういった受信機としてのテレビ機器の性能より，どのような番組か，面白い映画かといったことの方が影響力は大きい。つまり，電子黒板の有効活用と考えるよりも，何をどのように拡大提示すると，児童生徒の興味関心を高められるか，拡大提示しながら何と話せば分かりやすい説明になるかといった，教材研究や指導技術の研究の方が重要である。電子黒板やタブレット端末といった機器の機能や性能にばかりに目を向けずに，教材研究の観点から，コンテンツやソフトウェアについても十分な検討を行う必要がある。

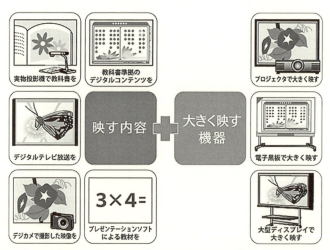

　図 7.9　拡大提示は「映す内容」と「大きく映す機器」の組み合わせ
　（出所）図 7.7 に同じ。

第7章　ICT を活用した学習指導

第4節　児童生徒による ICT 活用

1.　まずはスキルトレーニングや情報共有から

　PISA2015 の結果からも，体験的にインターネットやコンピュータを使う程度では，真剣な学習や仕事に活用できるほどのスキルは身につかないといえる。大人はよく，子供はすぐにコンピュータを使えるようになるとか，大人よりよく使えるなどというが，それは体験的に身につく低レベルな活用のことである。幼児が体験的に日本語を身につけたからといって，国語教育が不要とならないように，ICT についても，まずはしっかりと意図的なスキルトレーニングをしないと，高校生であっても，教科等の学習に使えるレベルには到達できない。スキルが低い段階では，PISA2015 同様に，教科等の学習の足手まといになることは確実である。

　スキルを身につけたとして，児童生徒1人1台のコンピュータを活用したときに最も期待されるのは，問題解決能力であるとか，そういった高次な資質・能力の育成である。しかし，最初に起こるのは，生徒や保護者との連絡や情報共有がしやすくなるとか，学習資料などが配布・共有・蓄積しやすくなるといった変化である。一見大して意味がないように思えるかもしれないが，実際には，後戻りできないほどのインパクトがある。社会人の日常的なコンピュータ活用も，こういったことが大部分を占める。これらが繰り返されると，教員も生徒もコンピュータを活用した学習に慣れ，意識が変わってくる。意識が変わると，いよいよ高次な資質・能力の育成のための活用となっていく。

2.　高次な資質・能力の育成のために

　高次な資質・能力の育成には，学習指導要領的にいえば，主体的・対話的で深い学びや見方・考え方による学習過程の質的な改善が欠かせない。同様に ICT も学習過程の質的な改善に寄与する手段である。この段階になると，もはや ICT というより，授業づくりそのものが重要となる。特に学習過程

95

第Ⅱ部　教育の技術

や見方・考え方が重要となるだろうが，いずれにしても教科指導の専門性の出番である。

　教科指導の専門性と言ってしまうのは，高次な資質・能力の育成には，一定の時間幅が必要だからである。個別的知識の記憶のように単純な学習活動の繰り返しではなく，複合的で総合的な学習活動の繰り返し，つまり，一定の学習過程の繰り返しで育成されるからである。こうした学習過程のすべてを，ICTが担うと考えるのは適切ではない。ICTが得意なことは，学習過程の各段階において活用することで，各段階の質を上げることである。例えば，化学実験という学習過程の一段階である実験データの整理・分析の際に，表計算ソフトを活用すれば，鉛筆とノートで行うよりも，効率的で，効果的であろう。ICTは，実験全体，つまり学習過程全体の質の向上に寄与していると主張されることが多いが，実際には部分的な効果である。したがって，そもそもの学習過程のデザインの方が影響力は大きく，教科指導の専門性に委ねられる。

　これまでに行われてきた1人1台のコンピュータ活用の数多くの実践を分析すると，その活用方法は，「情報の収集」「整理・分析」「まとめ・表現」および「ドリル」に集約される。多くのICT活用法は，社会人が普段から活用している方法と同じか似ている。やはりICT活用は，情報を収集する授業場面とか学習場面などであり，学習過程全体というより，もっと短い「場面」という時間幅で効果を発揮している。

　授業づくりにおいて，こうした時間幅の違いが認識され，教員にとっても，生徒にとっても，授業におけるICT活用が当たり前になると，指導案上にあえてコンピュータ活用と表記されることは少なくなるだろう。同じく授業「場面」で活用される黒板や鉛筆のようにである。

　また，児童生徒のICT活用を支えるのは情報活用能力である。情報活用能力に関しては第3章をご覧いただきたい。

第7章　ICTを活用した学習指導

第5節　おわりに

　授業におけるICT活用には，大きな可能性と期待がある。しかし，どれほど便利なICTが生まれても，忘れてはならないことは「人はだんだん分かっていく」「人はだんだんできるようになっていく」ということである。仮に，タブレット端末が導入され，授業が分かりやすくなったり，インターネットでさまざまな情報にアクセスできるようになったりしたとしても，瞬時に理解ができたり，急激に思考力が高まったりはしない。

　依然として，議論をしたり試行錯誤を繰り返したりしながら，理解や思考を深めていく必要がある。ICTは，そういった学習活動を少ししやすくするツールに過ぎない。例えば，会社にパソコンが導入されたとしても，急激に売り上げが上がったりしないのと同じである。しかし，今やパソコンは会社の業務遂行に欠かせない日常的な道具である。同様に，学校においても，ICTを日常的に活用して学習を進めていく時代がやってきたと考えるのが妥当であろう。

　これまで同様に，教員は，繰り返し丁寧に児童生徒に働きかけていくことに変わりない。教員は，ICTをよく知り，過剰な期待をせず，便利な道具として適切に使いこなしていくことが求められている。

［高橋　純］

● **考えてみよう！**

▶ あなたが授業をする際に，教科書紙面のどの箇所を，どのように拡大提示しながら，発話するかを，実際の教科書紙面を見ながら考えてみよう。

▶ あなたが，日常の生活や学習において，コンピュータを活用している場面を書き出してみよう。そのうえで，児童生徒に，授業で，どのようにコンピュータを活用させたいか，あなたの考えをまとめてみよう。

第Ⅱ部　教育の技術

● 引用・参考文献

ガートナージャパン（2018）プレスリリース「デジタル・ワークプレースに関する調査」https://www.gartner.co.jp/press/html/pr20180312-01.html（2018.10.28 最終閲覧）

国立教育政策研究所（2013）「成人スキルの国際比較—OECD 国際成人力調査（PIAAC）報告書」明石書店

国立教育政策研究所（2014）「教員環境の国際比較—OECD 国際教員指導環境調査（TALIS）2013 年調査結果報告書」明石書店

高橋純（2016）「ICT を活用した授業」平野朝久編『教師のための教育学シリーズ 1 教職総論』学文社，pp.93-106

高橋純・安念美香・堀田龍也（2012）「教員が ICT で教材等の拡大提示を行う際の焦点化の種類」『日本教育工学会論文誌』Vol.35 Suppl.，pp.65-68

内閣府（2018）「平成 29 年度青少年のインターネット利用環境実態調査」http://www8.cao.go.jp/youth/youth-harm/chousa/h29/net-jittai/pdf/sokuhou.pdf（2018.10.28 最終閲覧）

文部科学省（2018）「学校における教育の情報化の実態等に関する調査」http://www.mext.go.jp/a_menu/shotou/zyouhou/detail/1408157.htm（2018.10.28 最終閲覧）

※　本章第 2 節 2. および第 3 節は高橋（2016）を大幅加除修正のうえ掲載。

第Ⅲ部

教育課程の意義

第Ⅲ部　教育課程の意義

第8章

教育課程編成の目的

● **本章のねらい** ●

　教育課程の意義や学習指導要領の位置付け，教育課程編成に関わる手順や法制，カリキュラム・マネジメントとの関係など，学校において教育活動を実施していく際に，教育課程がどのような役割を果たしているかを理解する。

第1節　教育課程の編成

1. 教育課程の意義

　学校において教育活動が日々実践されていく中で，「教育課程とは何か」について議論される機会は実際にどのぐらいあるだろうか。時間割の編成や指導計画の作成などについては，教職員の間で頻繁に情報交換がなされたり，その在り方について議論されたりする一方で，教育課程そのものについては，日々の指導の中でその存在があまりにも当然のこととなっており，その意義が改めて振り返られる機会は必ずしも多くないのが現状であろう。

　教育とは「人間の成長過程全体を見通して連続的に，また，人が生きる空間全体を念頭に置いて俯瞰的になされるもの」であり，「学校教育はこの機能を制度として整えたもの」（羽入 2016：14）といえる。学校教育がその機能を果たしていくためには，生涯にわたる人間の成長過程全体を見据えつつ，

100

体系的な教育活動を継続的に実施していくことが必要となる。教育課程はそのために，教育の内容等を組織的かつ計画的に組み立て，学校において「何をどのように学び，何ができるようになるか」を明確にしたものであり，学校教育の中核として最も重要な役割を担うものである。

　教育課程が何を指すかに関しては，教員の実践内容や学習者の学習経験を含むとするものなど幅広い捉え方がある（田中 2011：11-12）が，学校において編成する教育課程については，学習指導要領総則の解説において次のように定義されている。

　学校において編成する教育課程とは，学校教育の目的や目標を達成するために，教育の内容を児童（生徒）の心身の発達に応じ，授業時数との関連において総合的に組織した各学校の教育計画である。

---

2. 教育課程編成とカリキュラム・マネジメント

　教育課程は，各学校の教育目標を具体化するために編成される。また，教育課程を基盤としながら，指導を具体化するために作成されるのが指導計画である。

　教育目標の設定については，学習指導要領に「教育課程の編成に当たっては，学校教育全体や各教科等における指導を通して育成を目指す資質・能力を踏まえつつ，各学校の教育目標を明確にするとともに，教育課程の編成についての基本的な方針が家庭や地域とも共有されるよう努めるものとする」（総則第2の1）と定められている。教育目標は，学校教育全体や各教科等の指導を通じてどのような資質・能力の育成を目指すのかを示すものであり，各教科等の授業のねらいを改善したり，学習者の学習成果を評価したりする際のめあてとなるような，具体性のあるものであることが求められる。そうした教育目標も含めた教育課程編成の基本方針は，例えば，学校経営方針やグランドデザインといった形で，家庭や地域と共有していくことが重要となる。

　指導計画とは，各教科等の学年ごとあるいは学級ごとなどに，指導目標，

第Ⅲ部　教育課程の意義

指導内容，指導の順序，指導方法，使用教材，指導の時間配当等を定めた，より具体的な計画であり，年間指導計画や２年間にわたる長期の指導計画から，学期ごと，月ごと，週ごと，単位時間ごと，あるいは単元，題材，主題ごとの指導案など各種のものがある。学校における実際の作成の過程においては，教育課程と指導計画の両者を区別しにくい面もあるが，指導方法や使用教材も含めて具体的な指導により重点を置いて作成したものが指導計画である。

　教育課程の編成は，こうした各学校の教育目標の策定や指導計画の作成などと一体的に行われる。また，学習者の学習状況を把握することや，学校をとりまく地域の状況を調査すること，教育課程の実施に必要な人的・物的資源を確保すること，教育課程の実施状況を評価して改善を図っていくことなども，教育課程の編成に当たっては重要となる。

　実際に教育課程の編成や改善に取り組む際にどのような手順が必要になるのか，学習指導要領総則の解説には次のような手順の一例が示されている。これはあくまで一つの例であり，実際には，それぞれの学校がその実態に即して，創意工夫を重ねながら具体的な手順を考えるよう留意する必要がある。

教育課程の編成や改善に取り組む際の手順の一例

(1) 教育課程の編成に対する学校の基本方針を明確にする。
　　基本方針を明確にするということは，教育課程の編成に対する学校の姿勢や作業計画の大綱を明らかにするとともに，それらについて全教職員が共通理解をもつことである。
　　ア　学校として教育課程の意義，教育課程の編成の原則などの編成に対する基本的な考え方を明確にし，全教職員が共通理解をもつ。
　　イ　編成のための作業内容や作業手順の大綱を決め，作業計画の全体について全教職員が共通理解をもつ。
(2) 教育課程の編成・実施のための組織と日程を決める。
　　教育課程の編成・実施は，校長のリーダーシップの下，組織的かつ計画的に取り組む必要がある。教育課程の編成・実施を担当する組織を確立するとともに，それを学校の組織全体の中に明確に位置付ける。
　　また，編成・実施の作業日程を明確にするとともに，学校が行う他の諸活動との調和を図る。その際，既存の組織や各種会議の在り方を見直し必

要に応じ精選を図るなど業務改善の視点をもつことも重要である。

　　ア　編成・実施のための組織を決める。

　（ア）編成・実施に当たる組織及び各種会議の役割や相互関係について基本的な考え方を明確にする。

　（イ）編成・実施に当たる組織及び各種会議を学校の組織全体の中に位置付け，組織内の役割や分担を具体的に決める。

　　イ　編成・実施のための作業日程を決める。

　　分担作業やその調整を含めて，作業ごとの具体的な日程を決める。

(3) 教育課程の編成のための事前の研究や調査をする。

　　事前の研究や調査によって，教育課程についての国や教育委員会の基準の趣旨を理解するとともに，教育課程の編成に関わる学校の実態や諸条件を把握する。

　　ア　教育課程についての国の基準や教育委員会の規則などを研究し理解する。

　　イ　児童の心身の発達の段階や特性，学校及び地域の実態を把握する。その際，保護者や地域住民の意向，児童の状況等を把握することに留意する。

(4) 学校の教育目標など教育課程の編成の基本となる事項を定める。

　　学校の教育目標など教育課程の編成の基本となる事項は，学校教育の目的や目標及び教育課程の基準に基づきながら，しかも各学校が当面する教育課題の解決を目指し，両者を統一的に把握して設定する。

　　ア　事前の研究や調査の結果を検討し，学校教育の目的や目標に照らして，それぞれの学校や児童が直面している教育課題を明確にする。

　　イ　学校教育の目的や目標を調和的に達成するため，各学校の教育課題に応じて，学校の教育目標など教育課程の編成の基本となる事項を設定する。

　　ウ　編成に当たって，特に留意すべき点を明確にする。

(5) 教育課程を編成する。

　　教育課程は学校の教育目標の実現を目指して，指導内容を選択し，組織し，それに必要な授業時数を定めて編成する。

　　ア　指導内容を選択する。

　（ア）指導内容について，その基礎的・基本的な知識及び技能を明確にする。

　（イ）学校の教育目標の有効な達成を図るため，重点を置くべき指導内容を明確にする。

　（ウ）各教科等の指導において，基礎的・基本的な知識及び技能の確実な習得と思考力，判断力，表現力等の育成を図るとともに，主体的に学

第Ⅲ部　教育課程の意義

習に取り組む態度を養う指導の充実や個に応じた指導を推進するよう
配慮する。

（エ）学校の教育活動全体を通じて行う道徳教育及び体育・健康に関する
指導について，適切な指導がなされるよう配慮する。

（オ）学習の基盤となる資質・能力や現代的な諸課題に対応して求められ
る資質・能力など，学校として，教科等横断的な視点で育成を目指す
資質・能力を明確にし，その育成に向けた適切な指導がなされるよう
配慮する。

（カ）児童や学校，地域の実態に応じて学校が創意を生かして行う総合的
な学習の時間を適切に展開できるよう配慮する。

（キ）各教科等の指導内容に取り上げた事項について，主体的・対話的で
深い学びの実現に向けた授業改善を通して資質・能力を育む効果的な
指導ができるよう，単元や題材など内容や時間のまとまりを見通しな
がら，そのまとめ方や重点の置き方を検討する。

イ　指導内容を組織する。

（ア）各教科，道徳科，外国語活動，総合的な学習の時間及び特別活動に
ついて，各教科等間の指導内容相互の関連を図る。

（イ）各教科等の指導内容相互の関連を明確にする。

（ウ）発展的，系統的な指導ができるように指導内容を配列し組織する。
特に，内容を2学年まとめて示した教科については，2学年間を見通し
た適切な指導計画を作成する。

（エ）各学年において，合科的・関連的な指導について配慮する。

ウ　授業時数を配当する。

（ア）指導内容との関連において，各教科，道徳科，外国語活動，総合的
な学習の時間及び特別活動の年間授業時数を定める。

（イ）各教科等や学習活動の特質に応じて，創意工夫を生かし，1年間の
中で，学期，月，週ごとの各教科等の授業時数を定める。

（ウ）各教科等の授業の1単位時間を，児童の発達の段階及び各教科等や
学習活動の特質を考慮して適切に定める。

(6) 教育課程を評価し改善する。

実施中の教育課程を検討し評価して，その改善点を明確にして改善を図る。

ア　評価の資料を収集し，検討する。

イ　整理した問題点を検討し，原因と背景を明らかにする。

ウ　改善案をつくり，実施する。

（出所）文部科学省（2017a：43-45）

第8章　教育課程編成の目的

　こうした教育課程編成に関わる手順を一体的に行うのが，カリキュラム・マネジメントである。カリキュラム・マネジメントとは，「児童（生徒）や学校，地域の実態を適切に把握し，教育の目的や目標の実現に必要な教育の内容等を教科等横断的な視点で組み立てていくこと，教育課程の実施状況を評価してその改善を図っていくこと，教育課程の実施に必要な人的または物的な体制を確保するとともにその改善を図っていくことなどを通して，教育課程に基づき組織的かつ計画的に各学校の教育活動の質の向上を図っていくこと」（総則第1の4）と定義される。本節1. で触れた，教育課程を教育計画に留まらず教員の実践内容や学習者の学習経験なども含むものとする広義の捉え方は，このカリキュラム・マネジメントの定義の中に反映されていると考えることもできるだろう。

第2節　教育課程編成の主体と原則

1. 教育課程編成の主体

　教育課程を編成するのは誰か。学習指導要領に「各学校においては，教育基本法及び学校教育法その他法令並びにこの章以下に示すところに従い，児童（生徒）の人間として調和のとれた育成を目指し，児童（生徒）の心身の発達の段階や特性及び学校や地域の実態を十分考慮して，適切な教育課程を編成する」（総則第1の1）とあることから明確であるように，教育課程の編成主体は各学校である。学習指導要領は，次節で解説するように法規としての性格を有するものであるが，教育の内容等については必要かつ合理的な事項を大綱的に示すものであり，各学校における指導の具体化は，学校や教師の裁量に基づき創意工夫がなされることが期待されている。各学校ではその主体性を発揮して，創意工夫を生かした特色ある教育活動が展開されるよう，児童や学校，地域の実態に即した適切な教育課程を編成することが求められる。

　各学校における役割分担についてはどのように考えたらいいだろうか。学校教育法においては「校長は，校務をつかさどり，所属職員を監督する」（第

第Ⅲ部　教育課程の意義

37条第4項）と規定されていることから，学校において教育課程を編成するということは，学校の長たる校長が責任者となって編成するということである。これは学校という組織体の中での権限と責任の所在を示したものであり，具体的な教育課程の編成作業は，校務分掌に基づく適切な役割分担と連携の下に，全教職員が協力して行われるものである。各学校には，校長，副校長，教頭ほか，教務主任をはじめとする各主任等が置かれ，それらの担当者を中心として全教職員が校務を分担している。各学校の教育課程は，各教職員がそれぞれの分担に応じて研究を重ね，学級や学年の枠を越えて連携協力しながら，創意工夫を加えて編成していくことが大切である。

　教育課程編成において，一人ひとりの教員にはどのような力が求められるのだろうか。各教育委員会では教育公務員特例法に基づき，教員が職責，経験および適性に応じて資質の向上を図ることができるよう，「教員育成指標」を策定しており，この指標には教育課程編成に関する資質も含まれる。新規採用の教員から中堅，ベテランや管理職まで，教員のキャリアステージに応じて教員に求められる資質・能力が整理されている。

2. 教育課程編成の原則

　教育課程を編成するに当たっては，次の2点が編成の原則として示されている（学習指導要領総則第1の1）。

(1) 教育基本法及び学校教育法その他の法令並びに学習指導要領の示すところに従うこと

　学校において編成される教育課程については，次節で解説するように，公教育の立場から，教育基本法，学校教育法，学校教育法施行規則，地方教育行政の組織及び運営に関する法律等といった法令により種々の定めがなされており，各学校においては，これらの法令に従って教育課程を編成しなければならない。

(2) 児童の人間として調和のとれた育成を目指し，児童の心身の発達の段階や特性及び学校や地域の実態を十分考慮すること

1．で解説したように，教育課程は各学校において編成されるものである。各学校においては，校長を中心として全教職員が連携協力しながら，学習指導要領を含む教育課程に関する法令の内容について十分理解するとともに，学習者の心身の発達の段階や特性及び学校や地域の実態を考慮して創意工夫を加え，学校として統一のあるしかも特色をもった教育課程を編成することが大切である。

「児童（生徒）の人間としての調和のとれた育成」については，学習指導要領総則においても，知・徳・体のバランスのとれた生きる力の育成（第1の2）や，知識及び技能の習得と，思考力，判断力，表現力等の育成，学びに向かう力，人間性等の涵養という，いわゆる資質・能力の3つの柱のバランスのとれた育成（第1の3），幼児期の教育との接続や義務教育9年間を見通した中学校教育との接続など学校段階等間の接続（第2の4）など，児童の発達の段階に応じた調和のとれた育成を重視している。

各学校において教育課程を編成する場合には，「児童の心身の発達の段階や特性及び学校や地域の実態」を的確に把握し，それを，学校の教育目標の設定，教育の内容等の組織あるいは授業時数の配当などに十分反映させる必要がある。

① 児童（生徒）の心身の発達の段階や特性

初等中等教育を受ける期間は，心身ともに著しい成長を遂げる時期であり，発達の段階に応じた課題をふまえつつ，一人ひとりの多様な能力・適性，興味・関心，性格等を的確に捉え，一人ひとりの発達を支援していくことが重要である。教育課程の編成に当たっては，発達の段階に応じた共通の教育目標の達成を目指しつつ，多様な教育的ニーズに対応し，得意分野の能力を伸ばし苦手な分野を克服させながら，一人ひとりの力を引き出し高めていけるようにすることが重要であり，学習指導要領教育課程は，そのために必要な視点を教職員等が共有していくための手立てとなるものである。各学校においては，児童一人ひとりの発達の過程などを的確に捉えるとともに，その学

第Ⅲ部　教育課程の意義

校あるいは学年などの児童の特性や課題について十分配慮して，適切な教育課程を編成することが必要である。

② 学校の実態

　学校規模，教職員の状況，施設設備の状況，児童（生徒）の実態などの人的または物的な体制の実態は，学校によって異なっている。教育活動の質の向上を組織的かつ計画的に図っていくためには，これらの人的または物的な体制の実態を十分考慮することが必要である。そのためには，特に，児童の特性や教職員の構成，教師の指導力，教材・教具の整備状況，地域住民による連携および協働の体制に関わる状況などについて分析して客観的に把握し，教育課程の編成に生かすことが必要である。

③ 地域の実態

　地域には，都市，農村，山村，漁村など生活条件や環境の違いがあり，産業，経済，文化等にそれぞれ特色をもっている。こうした地域社会の実態を十分考慮して教育課程を編成することが大切である。そのためには，地域社会の現状はもちろんのこと，歴史的な経緯や将来への展望など，広く社会の変化に注目しながら地域社会の実態を十分分析し検討して的確に把握することが必要である。また，地域の教育資源や学習環境（近隣の学校，社会教育施設，児童の学習に協力することのできる人材等）の実態を考慮し，教育活動を計画することが必要である。

　また，学校における教育活動が効果的に展開されるためには，家庭や地域社会との積極的な連携を図り，相互の意思の疎通を図って，それを教育課程の編成，実施に生かしていくことが大切である。

第3節　教育課程に関する法制

　わが国の学校制度は，日本国憲法の精神にのっとり，学校教育の目的や目標および教育課程について，法令で種々の定めがなされている。各学校においては，こうした法体系を理解して教育課程の編成および実施に当たってい

くことが求められる。

1. 教育基本法

　教育の目的（第1条），教育の目標（第2条），生涯学習の理念（第3条），教育の機会均等（第4条），義務教育（第5条），学校教育（第6条），私立学校（第8条），教員（第9条），幼児期の教育（第11条），学校，家庭及び地域住民等の相互の連携協力（第13条），政治教育（第14条），宗教教育（第15条），教育行政（第16条），教育振興基本計画（第17条）などについて定めている。

2. 学校教育法，学校教育法施行規則

　学校教育法では，教育基本法における教育の目的および目標並びに義務教育の目的に関する規定をふまえ，義務教育の目標を規定している（第21条）。そのうえで，各学校段階の目的や教育の目標について，例えば小学校について「心身の発達に応じて，義務教育として行われる普通教育のうち基礎的なものを施す」（第29条）とするとともに，小学校教育の目標として，小学校の「目的を実現するために必要な程度において第21条各号に掲げる目標を達成するよう行われるものとする」（第30条第1項）と定めている。また，同条第2項は，「前項の場合においては，生涯にわたり学習する基盤が培われるよう，基礎的な知識及び技能を習得させるとともに，これらを活用して課題を解決するために必要な思考力，判断力，表現力その他の能力をはぐくみ，主体的に学習に取り組む態度を養うことに，特に意を用いなければならない」と規定している。さらに，これらの規定に従い，文部科学大臣が小学校の教育課程の基準を定めることとしている（第33条）。

　なお，教育基本法第2条（教育の目標），学校教育法第21条（義務教育の目標）および第30条（小学校教育の目標）は，いずれも「目標を達成するよう行われるものとする」と規定している。これらは，児童が目標を達成することを義務づけるものではないが，教育を行う者は「目標を達成するよう」に教育を行う必要があることに留意する必要がある。

　この学校教育法の規定に基づき，学校教育法施行規則において，教育課程

第Ⅲ部　教育課程の意義

に関するいくつかの基準が定められている。例えば小学校については，教育課程は，国語，社会，算数，理科，生活，音楽，図画工作，課程，体育及び外国語の各教科，道徳科，外国語活動，総合的な学習の時間並びに特別活動によって編成すること（第50条第1項）や，各学年における各教科，道徳科，外国語活動，総合的な学習の時間および特別活動のそれぞれの年間の標準授業時数並びに各学年における年間の標準総授業時数（第51条の別表第1）などを定めているほか，小学校の教育課程については，教育課程の基準として文部科学大臣が別に公示する小学校学習指導要領によらなければならないこと（第52条）を定めている。

3. 学習指導要領

　学校教育法第33条および学校教育法施行規則第52条の規定に基づいて，文部科学大臣は学習指導要領を告示という形式で定めている。学校教育法施行規則第52条が「小学校教育課程については，この節に定めるもののほか，教育課程の基準として文部科学大臣が別に公示する小学校学習指導要領によるものとする」と示しているように，学習指導要領は，学校教育について一定の水準を確保するために法令上の根拠に基づいて国が定めた教育課程の基準であるので，各学校の教育課程の編成および実施に当たっては，これに従わなければならないものである。

　学習指導要領は「基準性」を有することから，学習指導要領に示している内容は，すべての児童に対して確実に指導しなければならないものであると同時に，児童の学習状況などその実態等に応じて必要がある場合には，各学校の判断により，学習指導要領に示していない内容を加えて指導することも可能である（総則第2の3の(1)のア及びイ参照）。また，各教科等の指導の順序について適切な工夫を行うこと（総則第2の3の(1)のウ）や，教科等の特質に応じ複数学年まとめて示された内容について児童等の実態に応じた指導を行うこと（総則第2の3の(1)のエ），授業の1単位時間の設定や時間割の編成を弾力的に行うこと（総則第2の3の(2)のウ），総合的な学習の時間において目標や内容を各学校で定めることなど，学校や教職員の創意工夫が重

図8.1　教育課程編成の基本的考え方

視されているところである。

4. 地方教育行政の組織及び運営に関する法律

　公立学校においては，以上のほか，地方教育行政の組織及び運営に関する法律による定めがあり，教育委員会は，学校の教育課程に関する事務を管理，執行し（第21条第5号），法令または条例に違反しない限度において教育課程について必要な教育委員会規則を定めるものとする（第33条第1項）とされている。この規定に基づいて，教育委員会が教育課程について規則などを設けている場合には，学校はそれに従って教育課程を編成しなければならない。私立学校においては，学校教育法（第44条）および私立学校法（第4条）の規定により，都道府県知事が所轄庁であり，教育課程を改める際には都道府県知事に対して学則変更の届け出を行うこととなっている（学校教育法施行令第27条の2）。

第4節　これからの教育課程編成に期待されること

1. 学習者の目線で，「何ができるようになるか」を明確にし育んでいくこと

　学校教育においては，長年子供たちに，変化の激しい社会を生きるために

第Ⅲ部　教育課程の意義

必要な「生きる力」を育むことが目指され，教育実践の工夫・改善が重ねられてきたが，学校教育の中核となる教育課程の編成については，各教科等において「教員が何を教えるか」という観点を中心に組み立てられており，一つひとつの学びが何のためか，どのような力を育むものか明確でない点が指摘されてきた。

　重要となるのは，学習者の視点から学校教育や各教科等の学びの意義を明らかにし，「これを学ぶことで何が身につくのか」を教育課程を通じて明確にしつつ育んでいくことである。学習者の心身の発達の段階や特性および学校や地域の実態を考慮して，「生きる力」とは何かを資質・能力として具体化し，教育目標や教育内容として示したり，教科等間のつながりを深めたりしていくことが求められる。教育課程については，指導する内容を重視する系統主義的な考え方と，子供の学習活動を重視すると経験主義的な考え方が対立的に語られ，教育課程編成のたびに振り子のように行き来すると指摘されることも多い。「何をどのように学び，何ができるようになるか」を総体として捉えることでこうした二項対立的な考え方を克服し，育成を目指す資質・能力を中心に，指導する内容と学習活動をバランスよく構成していくことが重要となる。

2.「学びの地図」を生かし，教育課程の縦横のつながりを意識すること

　各学校の教育課程は，子供や学校，地域の実態に基づく学校ごとの特色あるものとして編成されることになるが，人間の成長過程全体を見渡し，教科等間のつながりや学校段階間の接続を検討する際には，学校や地域を問わず共通する課題も多い。

　学習指導要領改訂の際には，全国の現役の教職員や教育分野の研究者，地域や民間の教育関係者等が数百人参加し，学校種や教科の枠を越えて議論を展開する。全国の教育関係者が，共通する課題について議論した成果をまとめたものが学習指導要領であり，学校教育を通じて子供たちが身に付ける資質・能力や学ぶべき内容などの全体像をわかりやすく見渡せる「学びの地図」となることが期待されている。

直近の改訂では，これからの学校教育が目指す目標をまず整理し，それから各教科等や各学校段階の議論が行われ，学校種や教科を越えた共通の枠組みが整理されるなど，国の制度レベルでもカリキュラム・マネジメントが意識された議論が積み重ねられてきた。各学校においても，教職員がこれまでの実践の蓄積を生かしながら，連携協力して教育課程の編成や授業改善を図っていくために必要な視点を共有していくための手立てとして，この「学びの地図」を活用し，教科等横断的な視点に立って，学級や学年の枠を越えて教職員が連携協力し，各学校の創意工夫を生かした教育課程を編成することが期待される。

［大杉 住子］

● 考えてみよう！

▶ 学校において教育活動を実施していく際に，教育課程はどのような役割を果たしているだろうか。

▶ 教育課程編成における，学習指導要領と各学校の創意工夫との関係についてどのように捉えられるだろうか。

● 引用・参考文献

田中耕治 (2011)「今なぜ「教育課程」なのか」『新しい時代の教育課程〔第3版〕』有斐閣

中央教育審議会 (2016)「幼稚園，小学校，中学校，高等学校及び特別支援学校の学習指導要領等の改善及び必要な方策等について（答申）」（平成 28 年 12 月 21 日）

羽入佐和子 (2016)「変化の中で生きる社会的存在を育成する」教育課程研究会『「アクティブ・ラーニング」を考える』東洋館出版社

文部科学省 (2017a)「小学校学習指導要領（平成 29 年告示）解説　総則編」

文部科学省 (2017a)「中学校学習指導要領（平成 29 年告示）解説　総則編」

文部科学省 (2018)「高等学校学習指導要領（平成 30 年告示）解説　総則編」

第Ⅲ部　教育課程の意義

第9章

教育課程と社会

●　本章のねらい　●

　学習指導要領の改訂や変遷およびその社会的背景を踏まえ，教育課程が社会に果たしている役割や機能について理解する。「社会に開かれた教育課程」の意義などについて具体的に理解をし，「地域に開かれた学校」から「地域とともにある学校」のために必要なことを学ぶ。

第1節　「社会に開かれた教育課程」とは何か

1. 学校と社会と教育課程の関係

　学校は子供や教職員，保護者，地域の人々などから構成される一つの社会であり，地域社会における重要な役割を担い，地域とともに発展していくという，地域社会を離れては存在し得ないものである。子供たちは，こうした学校を含めた社会の中で成長していく。このように考えれば，教育課程は，学校と社会との関係の中で，その意義や役割を考えながら編成される必要がある。

　学校と社会との関わりについては，教育界の先哲達により長年にわたって議論が積み重ねられてきており（古屋 2017：2-22），それ自体は新しい課題ではない。家庭や地域社会との協力のもと，地域に開かれた学校づくりも進

114

第9章　教育課程と社会

められてきている。そうした学校と社会に関するこれまでの議論や取組みを
ふまえつつ，学校教育の中核となる教育課程には，今後どのような役割が期
待されるのだろうか。

　「よりよい学校教育を通じてよりよい社会を創る」ためには，すなわち，
目の前の社会の要請に受け身で対処するのではなく，子供たちや地域の力に
よる未来の創造を見据えた教育を実現するために，多岐にわたる教育活動や
学校運営の取組みと，学校教育の中核である教育課程とのつながりが意識さ
れるようにし，例えば，現実の社会とは一見つながりのないような日常の教
育活動も，子供たちの将来に向けて社会とのつながりを有していることを再
確認したり，地域との連携を，単発では終わらせずより組織的・計画的な取
組みとなるように工夫したりすることを後押しする考え方が必要となる。

　そのために，これからの教育課程が目指すべき理念として見出された考え
方が，「社会に開かれた教育課程」である。過去の社会的変化を受け止めつ
つ積み重ねられてきた教育内容や教育方法の蓄積を生かしながら，現在の社
会との関わりの中で子供たちを育み，将来にわたって生かせる知識や力を身
に付けることができるようにするという観点からは，過去・現在・未来にわ
たる社会との時間的なつながりの中での教育の重要性を捉えたものと考える
こともできる。また，学校そのものが，子供たちや教職員，保護者，地域の
人々などから構成される一つの社会であることや，地域社会における重要な
役割を担い地域とともに発展していく存在でもあることなどの観点からは，
学校と家庭や地域社会等との空間的なつながりの中での教育の重要性を捉え
たものと考えることもできる。

2.「社会に開かれた教育課程」の位置付け

　「社会に開かれた教育課程」については，2017（平成29）年告示の小・中学
校学習指導要領の前文において，「教育課程を通して，これからの時代に求
められる教育を実現していくためには，よりよい学校教育を通してよりよい
社会を創るという理念を学校と社会とが共有し，それぞれの学校において，
必要な学習内容をどのように学び，どのような資質・能力を身に付けられる

第Ⅲ部　教育課程の意義

ようにするのかを教育課程において明確にしながら，社会との連携及び協働によりその実現を図っていくという，社会に開かれた教育課程の実現が重要となる」と記されている（幼稚園教育要領前文においても，同趣旨が幼児教育の特質に応じた形で記されている）。

　これは，中央教育審議会答申において提言された，「社会に開かれた教育課程」として重要となる以下の3つの点をふまえたものである。

　①社会や世界の状況を幅広く視野に入れ，よりよい学校教育を通じてよりよい社会を創るという目標をもち，教育課程を介してその目標を社会と共有していくこと。

　②これからの社会を創り出していく子供たちが，社会や世界に向き合い関わり合い，自らの人生を切り拓いていくために求められる資質・能力とは何かを，教育課程において明確化し育んでいくこと。

　③教育課程の実施に当たって，地域の人的・物的資源を活用したり，放課後や土曜日等を活用した社会教育との連携を図ったりし，学校教育を学校内に閉じずに，その目指すところを社会と共有・連携しながら実現させること。

　この「社会に開かれた教育課程」の実現を目指すことにより，各学校において，子供たち一人ひとりの可能性を伸ばし，新しい時代に求められる資質能力を育成するために必要な教育の在り方を不断に探究する文化を形成していくことが期待されている。

第2節　学習指導要領の変遷と社会の変化

　学習指導要領は，時代の変化や子供たちの状況，社会の要請等をふまえて，おおよそ10年ごとに改訂が重ねられてきている。社会の変化との関係で特徴的なものとして，例えば次のような改訂が挙げられる。

○昭和33年改訂　わが国が工業化という社会的目標を掲げる中で，教育を

第9章　教育課程と社会

（参考）我が国の学校教育制度の歴史
（国立教育政策研究所2012年）など

1872

近代教育制度の創始
明治5年　学制公布

近代教育制度の確立
※各学校種別の規定を整備し我が国の学校制度の基礎が確立
明治18年　内閣制度創設，初代文部大臣森有礼就任
明治19年　小学校令，中学校令等制定，学校制度の基礎の確立
明治33年　小学校4年の義務制
明治40年　義務教育年限を6年に延長

教育制度の拡充
※第一次世界大戦に伴う社会情勢及び国民生活の変化に即応する教育の改革

国民学校と戦時下の教育
※皇国民の基礎的錬成を目的とし，教育内容を改革
昭和16年　国民学校令
昭和18年　中等学校令

戦後における教育の再建
※連合国軍最高司令部指令と教育刷新委員会の建議により，軍国主義や極端な国家主義を排除し，戦後教育改革の枠組を形成。
昭和22年　日本国憲法施行 "教育を受ける権利" を規定"
　　　　　　教育基本法，学校教育法制定
　　　　　　"人格の完成" を目指す教育理念，教育の機会均等と男女平等
　　　　　　　　　　　　　　単線型の学校制度，「6・3」制の無償義務教育"
　　　　　　学習指導要領（試案）発表

1945

戦後政策からの転換
※昭和27年のサンフランシスコ講和条約締結を受け，占領下の政策見直し
昭和31年　地方教育行政の組織及び運営に関する法律を制定

教育の量的拡大・質の改善
※高度経済成長に伴う経済・社会の急速な拡大，ベビーブーム世代への対応，教育の量的拡大を推進
昭和33年　　　　義務標準法，昭和36年　高校標準法
昭和33年〜35年　学習指導要領改訂（文部省告示として公示）
昭和36年　　　　高等専門学校制度を創設（学校教育法改正）
昭和38年　　　　教科書無償措置法

教育の方針を見直し
※科学技術の進歩と経済の発展，産業構造の変化，情報化社会，高齢化社会の進展等社会の変化への対応
昭和43・44年　学習指導要領改訂
昭和46年　　　中央教育審議会答申（「四六答申」）"人間の発達過程に応じた学校体系の開発"
昭和52・53年　学習指導要領改訂
昭和59年　　　臨時教育審議会設置
　　　　　　　　"個性重視の原則，生涯学習体系への移行，変化への対応"
平成元年　　　学習指導要領改訂

教育基本法の改正と新たな展開
※知識基盤型社会，グローバル化といった変化の激しい社会の中で「生きる力」を育む
平成8年　　　中央教育審議会答申「21世紀を展望した我が国の教育の在り方について」
平成9年　　　OECD "キーコンピテンシー" の提唱（DeSeCo），PISA調査開発開始
平成10年　　　学習指導要領改訂
平成11年　　　中高一貫教育制度を導入（学校教育法改正）
平成18年　　　教育基本法改正 "今日重要と考えられる事柄を「教育の目標」として規定"
　　　　　　　認定こども園制度を創設（就学前の子どもに関する教育，保育等の総合的な提供の推進に関する法律）制定）
平成19年　　　学校教育法改正 "各学校種の目標及び目的の見直し，学力の三要素の規定"
　　　　　　　特別支援学校制度化（学校教育法改正）
平成20・21年　学習指導要領改訂

2015
平成26年（2014）11月　「初等中等教育の教育課程の基準等の在り方について」（諮問）

図9.1　わが国の学校教育制度（初等中等教育）の変遷

（出所）中央教育審議会（2016）補足資料より

含めたさまざまな社会システムが構想された時代。学習指導要領が告示となり，教育課程の基準としての性格が明確になった。

○昭和43 (1968) 年改訂　ソ連が人工衛星「スプートニク」の打ち上げに成功。教育内容の現代化が目指され，学習指導要領の内容や授業時数が量的なピークを迎える。

○平成元 (1989) 年改訂　高度経済成長が終焉を迎える中で，個性重視の新しい学力観が打ち出される。

○平成10 (1997) 年改訂　変化の激しいこれからの社会を生きていくために必要な資質・能力の総称である「生きる力」の育成を目指す。子供たちがゆとりの中で学習に取り組めることを目指すため，教育内容を精選・厳選。

○平成20 (2008) 年改訂　新しい知識・情報・技術が社会のあらゆる領域で

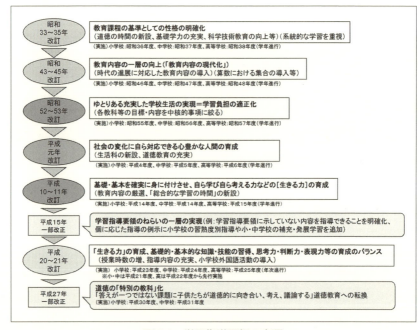

図9.2　学習指導要領の変遷

（出所）文部科学省

第9章　教育課程と社会

重要性を増す知識基盤社会を迎える。「ゆとり」か「詰め込み」かの二項対立を乗り越え，学力の三要素が示される。

平成29 (2017) 年の改訂に向けた議論の中では，平成20 (2008) 年改訂と同様に「生きる力」の育成という大きな目標を受け継ぎつつ，それを実現するために教育課程は総体としてどうあるべきかが強く意識された。そうした議論の成果として打ち出された理念が「社会に開かれた教育課程」である。

第3節　「社会に開かれた教育課程」の意義

1. 子供たちにとっての意義：学校における学習や生活と，子供たちの日々の生活や将来とをつなぐ

子供たちにとっての「社会に開かれた教育課程」の意義は，学校における学習や生活が，子供たちの日々の豊かな生活や将来の人生につながるものであるという点にある。答申の第3章では，「子供たち一人一人の豊かな学びの実現に向けた課題」として次のように述べられている。

○学校は，今を生きる子供たちにとって，未来の社会に向けた準備段階としての場であると同時に，現実の社会との関わりの中で，毎日の生活を築き上げていく場でもある。学校そのものが，子供たちや教職員，保護者，地域の人々などから構成される一つの社会でもあり，子供たちは，こうした学校も含めた社会の中で，生まれ育った環境に関わらず，また，障害の有無に関わらず，さまざまな人と関わりながら学び，その学びを通じて，自分の存在が認められることや，自分の活動によって何かを変えたり，社会をよりよくしたりできることなどの実感を持つことができる。

○そうした実感は，子供たちにとって，自分の活動が身近な地域や社会生活に影響を与えるという認識につながり，これを積み重ねていくことにより，主体的に学びに向かい，学んだことを人生や社会づくりに生かしていこうという意識や積極性につながっていく。

119

第Ⅲ部　教育課程の意義

○こうした学校での学びの質を高め，豊かなものとしていくことにより，子供たちは，学習内容を人生や社会の在り方と結び付けて深く理解したり，これからの時代に求められる資質・能力を身に付けたり，生涯にわたって能動的に学び続けたりすることができるようになる。全ての子供は，学ぶことを通じて，未来に向けて成長しようとする潜在的な力を持っている。

○また，子供たち一人一人は，多様な可能性を持った存在であり，多様な教育的ニーズを持っている。成熟社会において新たな価値を創造していくためには，一人一人が互いの異なる背景を尊重し，それぞれが多様な経験を重ねながら，さまざまな得意分野の能力を伸ばしていくことが，これまで以上に強く求められる。一方で，苦手な分野を克服しながら，社会で生きていくために必要となる力をバランス良く身に付けていけるようにすることも重要である。

　学習指導要領（平成29年告示）に盛り込まれた，知識・技能の習得，思考力，判断力，表現力等の育成，学びに向かう力，人間性の涵養をバランスよく図り，子供たちにどのような資質・能力を育むことを目指すのかを明確にすることや，主体的・対話的で深い学びの実現に向けた授業改善を図っていくことなどが，こうした意義をふまえた「社会に開かれた教育課程」の実現を具体化するものである。

2. 教職員にとっての意義：各教科等の授業と，学校の取組全体とをつなぐ

　各学校では，学習指導要領等の実施のみならず，複雑化・多様化するさまざまな課題への対応が求められる一方で，教職員は多忙を極め，新たな取組みを増やしていくことは難しい状況に置かれている。1. において述べた子供たちにとっての意義をふまえた教育を展開していくにあたって，「社会に開かれた教育課程」は，社会の変化に伴う現代的な教育課題であっても，現在実施している各教科等の学習の意義を捉え直し，教科等を越えた視点でつないでいくことで対応できることがあるということを再確認するものでもある。答申の第3章では，「教科等を学ぶ意義の明確化と，教科等横断的な教

育課程の検討・改善に向けた課題」として次のように述べられている。

○教育課程において，各教科等において何を教えるかという内容は重要では
　あるが，前述のとおり，これまで以上に，その内容を学ぶことを通じて「何
　ができるようになるか」を意識した指導が求められている。特に，これか
　らの時代に求められる資質・能力については，情報活用能力や問題発見・
　解決能力，さまざまな現代的な諸課題に対応して求められる資質・能力な
　ど，特定の教科等だけではなく，全ての教科等のつながりの中で育まれる
　ものも多く指摘されている。
○重要となるのは，"この教科を学ぶことで何が身に付くのか"という，各
　教科等を学ぶ本質的な意義を明らかにしていくことに加えて，学びを教科
　等の縦割りにとどめるのではなく，教科等を越えた視点で教育課程を見渡
　して相互の連携を図り，教育課程全体としての効果が発揮できているかど
　うか，教科等間の関係性を深めることでより効果を発揮できる場面はどこ
　か，といった検討・改善を各学校が行うことであり，これらの各学校にお
　ける検討・改善を支える観点から学習指導要領等の在り方を工夫すること
　である。

　カリキュラム・マネジメントの充実は，これに対応する具体的な取組みで
ある。2017（平成29）年告示の学習指導要領の総則は，このカリキュラム・
マネジメントの流れに沿った項目立てで構成されることとなった。総則の項
目を手掛かりとしながら，各学校の特色に応じたカリキュラム・マネジメン
トの充実を図っていくことが，「社会に開かれた教育課程」の実現につなが
っていくことになる。こうして教育課程の改善に向けた工夫を積み重ねてい
くことは，子供の成長に資するのみならず，教員自身の職務上の成長にもつ
ながっていくことが期待される。

3. 社会にとっての意義：学校教育の充実と，地域の活性化とをつなぐ

　2017（平成29）年告示の学習指導要領は，家庭や地域の人々も含め，さま

第Ⅲ部　教育課程の意義

ざまな立場から子供たちや学校に関わるすべての大人に，子供たちが学ぶことの意義を実感できる環境を整えていくことを期待している。答申の第3章では，「社会とのつながりや，各学校の特色づくりに向けた課題」として次のように述べられている。

○現在，保護者や地域住民が学校運営に参画するコミュニティ・スクール（学校運営協議会制度）や，幅広い地域住民等の参画により地域全体で未来を担う子供たちの成長を支え地域を創生する地域学校協働活動等の推進により，学校と地域の連携・協働が進められてきている。こうした進展は，学校の設置者や管理職，地域社会の強いリーダーシップによるものであるが，今後，これらの取組を更に広げていくためには，学校教育を通じてどのような資質・能力を育むことを目指すのか，学校で育まれる資質・能力が社会とどのようにつながっているのかについて，地域と学校が認識を共有することが求められる。

第4節　「地域に開かれた学校」から「地域とともにある学校」へ

　学校と地域は，「社会に開かれた教育課程」の実現に向けたパートナーとなることが求められている（答申）。教育課程を介して学校と地域がつながることにより，地域でどのような子供たちを育てるのか，何を実現していくのかという目標やビジョンの共有が促進され，地域とともにある学校づくりが一層効果的に進められていくことが期待される。
　地域と教育課程をいかに共有していくかについては，さまざまな方法が考えられるが，これから地域や社会の未来を創りだしていく子供たちにどのような力が求められるかを学校が積極的に発信して共有・議論していくことが考えられる。**表9.1** は，ある県立高校において，地域の復興・創生を担う人材の育成を目指し，育成を目指す資質・能力をルーブリックに整理して地域や子供たちと共有している例である。

122

第9章　教育課程と社会

表9.1　福島県立ふたば未来学園高等学校　人材育成要件・ルーブリック

学力概念	No	資質・能力に関する知識・態度	レベル1	レベル2	レベル3	レベル4	レベル5
知識 Knowledge "What we know"	A	**社会的課題に関する知識・理解** 一般通念や基礎学力を身につけながら、世界・社会の状況の変化やその課題を理解するための基礎的な知識を身に着ける。	地域や社会の成り立ちについての基礎的な知識を得られる。	地域の復興に向けた課題や、目の前の課題についての基礎的な知識を持てる。	環境・エネルギー問題など討議や世界・社会全体に向けた課題や、世界の状況・課題についての基礎的な知識を持てる。	社会の課題について、習得した知識を深堀し、周辺情報について関連情報を収集を図れる。	社会の課題について、目の前の課題の構造を俯瞰してその立場の相違を前提とした人に説明できるレベルまで理解できる。
	B	**英語活用力** 英語を使ったコミュニケーションを理解するための基礎的な知識を身に着ける。	英語でコミュニケーションをとろうとする興味・意欲・態度を持ち、自分のことについて英語で簡単に伝えられる。（CEFR A1レベル）	自分の関係機関のあることや、地域について英語で説明できる。	地域や研究内容について、即席で英語でスピーチし、簡単で英語を応答ができる。（CEFR A2-B1レベル）	地域や研究内容について、即席で英語でスピーチし、意見交換ができる。（CEFR B1レベル）	地域や研究内容について、トロー・データ・事例などを交えて英語で即興に意見交換できる。講論できる。（CEFR B2レベル）
	C	**思考・創造力** 物事を論理的に考え、批判的思考で振り下げ、ゼロから新しいものを考え出す力をつける。	与えられた情報を整理できる。	自分の前にある課題や自分の考えを論理的に振り下げて考えることができる。	メディアを活用して情報を集め、情報を分析・評価を活用し、から課題を発見し設定できる。	現実と理想の差を踏まえながら、広い視野・大きなスケールで既知の事実について批判的に考え、真に必要なアイディアを生み出せる。	未知のことについても粘り強く考え、自分の考えを体系化し、粘り強く最適解を考え、真に必要なアイディアを生み出せる。
技能（スキル・コンピテンシー）Skills "How we use what we know"	D	**表現・発信力** どのような場面でも臆することなく自分の考えを発信し、他者の考えを引き出せる。	自分の意見や考えを、集団の前で発表することができる。	突然指名されたときでも自分や集団の意見や考えを相手に伝えられるように表現することができる。	ICTを活用したり、データや映像等を活用して様々なツールを活かして課題を相手に伝えることができる。	多様な人々へ、相手の立場や状況に合わせてわかりやすく伝えることができる。	多様な人々へ、熱意を込めてストーリー性をもった説明など多彩な力を駆使し、共感を得ながら課題を伝えることができる。
	E	**他者との協働力** 世代や考え方を超えて様々な人と共によりよく協働し、他者の考えを活かすための力をつける。	集団や他者との中で、決められたことを指示されたことに一人で取り組むことができる。	集団や他者との中で、自分の役割を見つけ、個性を活かしながら行動でき、身近なメンバーの支援もできる。	ICTを活用したり、他者の良さに着目し、新たなものを取り入れながら、共通の目標に向かって活動を進めることができる。	集団や他者との中で、互いに良い部分を引き出しつつ、win-winの関係を作ることを通して、ICTを活用しつつ、協働を促進することができる。	文化や国境を越えて、社会を変革する人を巻き込み、互いに高めあう関係として協働を進められる。
	F	**マネジメント力** 自分や集団での取り組みを計画的に行える力をつける。	指示を受けながら計画を実行できる。	指示を受けず、自発的かつ責任を持って自分の一連の作業を実施できる。	全体にとって必要な作業発見、出し、自分の作業に優先度をつけつつ、複数の作業を並行して実施できる。	作業の集まりや、全体スケジュールを意識し、チームやスケジュールへの対応度を測り、複数の課題を並行的に進められる。	今後のスケジュール・リスクを把握して判断し、自らやり、リスクへの対応度を把握しながら進められることができる。
人格（キャラクター・センス）Character "How we engage in the world"	G	**前向き・責任感・チャレンジ** 前向きである存在として責任を持ち、課題解決のために自分の役割を見つけ、全力で取り組み、完遂できるまで行動できる。	自分も意義ある存在として、課題や物事にポジティブに捉えることができる。	自分に自信を持ち、目の前の課題や自分のことには目標を立てて、主体的に取り組める。	自分や他者とのことに、自分の役割を見つけることに自信を持ち、環境にきでない状況でもよりよく考え続けられる。	困難にぶつかっても自分の責任を意識づけ、自分で判断・工夫して解決しようとし、まず行動できる。	困難にぶつかっても臆せずに失敗し、それらの失敗を糧にできる。
	H	**寛容さ** 異文化の考えや他者を受け入れ、思いやりのある行動や、協調し、共に活動しようとすることに気づかれる。	集団や他者との中で、他者を立場や考え方を認め、共感できる。	集団や他者との中で、相手に思いやりのある行動をとり、問題の幸せを考えることができる。	集団や他者に対し、思いやりの心をもって行動し、問題の幸せを前向きに捉えられる。	考えの違う他者に対して、ニュートラルに受け止めることができる、よりよく思いやりのある考え方を育み、社会全体との違いを理解し、社会の変化を前向きに捉えられる。	考えの違う他者の意見や存在を、受け止め、より良くして社会をよりよくしていくための意識を持ち、自分とは異なる考えを前向きに受け入れられる。
	I	**能動的市民性** 社会を支える当事者としての意識や考えを持ち、地域や国の内外の未来を真剣に考えることができる。	所属する集団の一員としての自覚を持つ。	社会の一員としての自覚を持ち、社会の課題を問題に目を向けられる。	社会をよりよくしようと、社会の主体としての意識を持ち、社会がより良くなるための考え方を立てられることができる。	社会に貢献しようとする意識や、自分の価値観を持ち、自分は社会に変化を主体となれる。	社会の未来を良くするための基盤を構築しつつ、世代の差を見据えたリーダーとして主体的に行動できる。
自らを振り返え考え（メタ認知）Metacognition "How we reflect and learn"	J	**自分を変える力** 自分の意識や行動を振り返ってまとめ直し、常に次改善しようとする意識を持ち、次の行動に繋げることができる。	自分を向上させるために、自分の目標を立てることができる。	自分を向上させるために、自分の目標を向上させるために自分を見直し、次の行動に繋げることができる。	自分の目標に近づくための方策を自ら行動に移せることができる。	自分の目標の達成のために何度も反省し、常に自分自身を改善し、学び続け、目標に近づくように取り組むことができる。	社会の中での自分の役割や負を常に検証して考え、自分の目標と関連づけて大局的に行動できる。

(出所)ふたば未来学園高等学校作成

123

図9.3 持続可能な開発目標（SDGs）

　学校外の関係者と目標やビジョンを共有していくにあたって，2015年の国連サミットにおいて全会一致で採択された「持続可能な開発目標」（SDGs）を活用していくことも考えられる。学習指導要領の前文にも「これからの学校には，（中略）一人一人の生徒が，自分のよさや可能性を認識するとともに，あらゆる他者を価値のある存在として尊重し，多様な人々と協働しながらさまざまな社会的変化を乗り越え，豊かな人生を切り拓き，持続可能な社会の創り手となることができるようにすることが求められる。このために必要な教育の在り方を具体化するのが，各学校において教育の内容等を組織的かつ計画的に組み立てた教育課程である」と記されている。民間企業や国際社会も含めた社会的な合意となっているSDGsを鍵に社会との連携・協働を図り，子供たちが学ぶことの意義を実感できる環境を整え，一人ひとりの資質・能力を伸ばすようにしていくことが期待される。

〔大杉　住子〕

第 9 章　教育課程と社会

● **考えてみよう！**

▶ これから子供たちが生きていく未来を考えたとき，学校教育にはどのような力を育んでいくことが求められるだろうか。

▶ 「社会に開かれた教育課程」を実現するために，これまでの教育課程の良さとして生かせる点と，将来を見据えて改善すべき点としては，どのようなものが挙げられるだろうか。

● **引用・参考文献**

中央教育審議会 (2016) 答申「幼稚園，小学校，中学校，高等学校及び特別支援学校の学習指導要領等の改善及び必要な方策等について」(平成 28 年 12 月 21 日)

古屋恵太 (2017)「なぜみんな学校へ行くのか？」『教師のための教育学シリーズ 2 教育の哲学・歴史』学文社

文部科学省 (2017a)「小学校学習指導要領 (平成 29 年告示) 解説　総則編」

文部科学省 (2017b)「中学校学習指導要領 (平成 29 年告示) 解説　総則編」

文部科学省 (2018)「高等学校学習指導要領 (平成 30 年告示) 解説　総則編」

第Ⅳ部
教育課程の編成の方法

第Ⅳ部　教育課程の編成の方法

第10章

教育課程編成の基本

―――● **本章のねらい** ●―――

　前章までで，教育課程編成の目的や，社会に果たしている役割や機能について考えてきた。本章では，実際に教育課程を編成する際，どのような原理原則があるのか，またそれを日本の学校教育現場にまで具現化したときに考慮すべき基本的事項について学ぶことを目的とする。

第1節　「教育課程」と「カリキュラム」

　教育課程は，カリキュラム（curriculum）の訳語として使われている用語であり，教育課程編成とカリキュラム編成は，ほぼ同義に使われている。しかし，「教育課程」と「カリキュラム」という言葉は，研究上，厳密には意味合いが異なる。本章では，教育課程編成の基本についての解説上，どちらの言葉も出てくるが，その際の読者の混乱を避けるために，はじめにこの2つの言葉について確認しておこう。

　前章までにもあるように，「教育課程」とは，学習指導要領において「学校教育の目的や目標を達成するために，教育の内容を児童・生徒の心身の発達に応じ，授業時数との関連において総合的に組織した各学校の教育計画」と示されている。つまり，各学校の教育の「計画」としての意味をもつ。

128

カリキュラム（curriculum）は，ラテン語で「走ること」や競技場の「走路」を意味するクレレ（currere）を語源としており，そこから「人生の来歴」という意味ももっていた。それにも由来するように，カリキュラムは，学習者の「学習経験の総体」をさす語であり，教育課程よりも広い概念である。

IEA（国際教育到達度評価学会）では，カリキュラムを「意図されたカリキュラム」「実施されたカリキュラム」「達成されたカリキュラム」の3つに分類している（IEA 2011）。つまり，教育課程とは，IEA の捉えでは，ほぼ「意図されたカリキュラム」にあたるといえる。「ほぼ」とつけたのは，「意図されたカリキュラム」＝【国や地方の制度で決定された内容】，「実施されたカリキュラム」＝【実施のための各学校の「計画」と「実際」までを含める】と解釈するのならば，児童生徒の実態を考慮して各学校で計画される教育課程は，「実施されたカリキュラム」の計画部分とも考えられるからである。

また，田中統治（2001）は，「制度としてのカリキュラム」「計画としてのカリキュラム」「実践としてのカリキュラム」「経験としてのカリキュラム」に分類している。田中の分類ならば，学習指導要領が「制度としてのカリキュラム」，それをふまえた各学校の計画である教育課程が「計画としてのカリキュラム」にあたる。

このように，厳密には，カリキュラムの概念のうち，制度をふまえた計画部分に特化した概念が教育課程であることを捉えておくべきであろう。教育課程は実施・評価・改善の過程で変化することはあっても，常に次の教育活動や教育対象者に向けての計画である。本章では，その部分の編成の基本を学ぶということである。本章で後に言及することになる「教科カリキュラム」や「経験カリキュラム」などの用語における「カリキュラム」は，カリキュラムの概念の中でも，そのような計画部分の意味合いであることをふまえておくとよい。

第Ⅳ部　教育課程の編成の方法

第2節　教育課程の編成原理

1.　編成の前提となる教育の目的・教育観

　教育課程が計画であるのならば，当然，何を目的とした計画なのか，教育をどのように捉えた計画なのかによって，その立案の前提が規定されることになる。ここではまず，学習指導要領をはなれ，より根本的な教育の目的や教育観によって規定される教育課程の編成原理を考えてみよう。

　教育は，これまで人類が積み上げてきた文化遺産の継承や発展，科学技術等の知識をその学問体系をふまえて授けること，発達段階をふまえて効率的な順序で学ばせることであり，それが人間の人格統合や社会の発展につながるのだとする考え方を「系統主義（本質主義）」という。

　一方，学習者自身の興味・関心，生活現実における問題を取り上げて対峙し，解決する経験こそ真の学習であると考え，それを通して人間的全面性を育もうとする考え方を「経験主義」という。

　前者は，あらかじめ本質的で明確な「教えるべき内容」が用意され，それを学習者に獲得させることが教育の目的であり，後者は，学習者自身が「経験を通して育つこと」を支援することが教育の目的である。両者の教育観によってカリキュラムが変わることは容易に想像できるであろう。

2.　カリキュラムの類型

　先に示した系統主義と経験主義の両極のどちらに原理を求めるかによって，カリキュラムは大きく2つの編成のあり方が生じる。

① 教科カリキュラム

　本質的価値をもつとみなした文化遺産を教科の教育内容とし，各教科の体系に基づいて編成された教育課程の総称である。学問体系に依存するため，教育内容は学問の特色ごとに「分化」されて編成される。

② 経験カリキュラム

　学習者が興味・関心をもって問題とするであろう，かつ望ましい生活経験

第10章　教育課程編成の基本

を基本的な教育内容とし，その経験を組織的に展開するように編成された教育課程の総称である。学習者の問題解決状況に依存するため，教育内容は教科ごとに分かれるようなものではなく，「統合」されて編成される。

　これらは，その特徴から，それぞれに良い点と問題点があるとされる。教科カリキュラムは，知識・技能を体系的・効率的に教えることが可能だと考えられる一方，学習内容が抽象的，一般的になりやすく，地域の特殊性，学習者の興味・関心を軽視した授業に陥りやすいことや，学習者への過度な負担のおそれなどが考えられる。経験カリキュラムは，逆に学習を生き生きとしたものにしやすく，生活に生かせる糧を得やすいことが考えられる反面，教師の指導性のあいまいさや学習者の「はいまわり」，文化や科学の知見が習得されづらいなどのことが考えられる。

　よって，完全にどちらかによって編成するのではなく，教育研究の歴史の中でさまざまな編成が考えられ，それらは類型としてみることができる。完全に分化された狭義の教科カリキュラムと，一切の教科を認めない狭義の経験カリキュラムを両極としたとき，その間に以下のような類型が存在する。天野正輝（2001）の解説を引用してその4つを紹介する。

① 関連（相関）教科カリキュラム

　教科カリキュラムによる教科の区分を踏襲しつつ，学習効果の向上のため，教科の間の相互関連を図ったカリキュラムである。

② 融合カリキュラム

　教科学習を中心とするが，問題の範囲を覆う教科の間の境界を撤廃したカリキュラム。例えば，地理，歴史，公民の融合としての社会科や，物理学，化学，生物学，地学の融合としての理科などのカリキュラムである。

③ 広（領）域カリキュラム

　教科の枠組みを取り払って，広域で教育内容が再編成されたカリキュラム。融合が，教育課程に含まれるあらゆる類似の教科群に関して試みられると，広域カリキュラムの形式に発展するが，それは元来，人為的な分類と組織によって多数の教科に分割された文化を，その本来的な存在の姿である大きな領域にまとめ，それによって教科を再編成しようとする立場である。

131

第Ⅳ部　教育課程の編成の方法

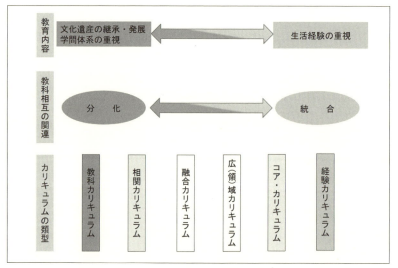

図10.1　「教科－経験」「分化－統合」の軸で見るカリキュラムの類型

④ コア・カリキュラム

　生活現実の問題解決を学習する「中核課程」と，それに必要な限りで基礎的な知識や技能を学習する「周辺課程」からなる。中心課程の内容は経験カリキュラムとして構成され，カリキュラムの中核的位置にある。周辺課程は教科的内容によって構成されるからまったく教科の存在を認めない経験中心カリキュラムに比べて教科カリキュラムに近いといえる。

　これらは，教科カリキュラムと経験カリキュラムを両極として，学習内容の「分化→統合」のグラデーションとして位置づけることができる（図10.1）。

　現在，例えば学習指導要領に準拠した一般の公立小学校であれば，生活科，社会科，理科など，ある程度の範囲をまとめて教科として編成されている点で，融合カリキュラムが最も近いといえる。また，公立学校の中でも，伝統的に経験主義の教育観を継承し，子供の求めに応じた問題解決を中核課程に位置付けたコア・カリキュラム編成をしている学校も存在している。

　しかし，一般の公立学校であっても，実際には，国語科や算数科，体育科などの教科は，系統的に学習内容が定められているのに対し，総合的な学習

の時間は，子供が自ら課題を見つけて解決していく探究的な学習を通して，問題解決力を育成することが求められている領域である。総合的な学習の時間を「中核課程」として位置づけているわけでもない。教科学習も総合的な学習も同様に必要なものとして位置づけ，それぞれの力をつけようとしている。よって，教科カリキュラムと経験カリキュラムの考え方が時期や時間によって入れ替わるハイブリッド型になっているともいえるだろう。

3. 教育課程の具体的構造を規定する原則（スコープとシークエンス）

　ここまで，教育課程編成のありようが，その目的・教育観に基づくとともに，「分化−統合」などの軸によって類型化できることを学んできた。

　では実際に，教育の目的に合うように，教育課程の具体的な「中身の構造」を規定する原則は何であろうか。教育課程は教育の計画であるから，そこには当然「学習者が何を学ぶのか（何を教えるのか）」，それらを「学習者はどの順序で学ぶのか（どの順序で教えるのか）」という2つが構造的な問題となる。

　この「学習者が何を学ぶのか（何を教えるのか）」，つまり学習内容の領域または範囲のことを，「スコープ（scope）」という。そして，それを児童の発達段階や学問の系統などをもとに「学習者はどの順序で学ぶのか（どの順序で教えるのか）」という系列・配列のことを，「シークエンス（sequence）」という。本来，スコープとシークエンスは，生活現実が学習対象の中核となる経験主義に基づく教育課程編成の基本的枠組みとして用いられてきた。しかし，どのような教育課程であっても，範囲とその配列が具体的構造を規定するのは共通しているため，今日では特定の教育的立場を離れ，教育課程編成のキーワードとして広く一般に使用されている。例えば，スコープとシークエンスを教科カリキュラム，経験カリキュラムにあてはめてみると，**図10.2**のようになる。

　このように，スコープとシークエンスによって具体的な教育課程の構造が決まるのだが，それも，どのような教育の目的や目標設定がなされるかによって変化することがわかる。

第Ⅳ部　教育課程の編成の方法

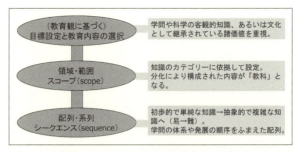

図10.2（1）　教科カリキュラムにおけるスコープとシークエンス

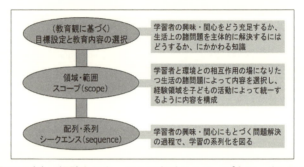

図10.2（2）　経験カリキュラムにおけるスコープとシークエンス

4. タイラー原理

　スコープとシークエンスが,「何のどの範囲を教えるか」「どのような配列でそれを組織するか」であるとしたら,その構造を編成する手続きの原理として古くから有名なのが,アメリカの教育学者であるタイラー（R.W. Tyler）が提唱したタイラー原理（Tyler 1950）である。1930～40年代にかけて理論化された原理だが,学習指導要領が示す「学校教育の目的や目標を達成するために,教育の内容を児童生徒の心身の発達に応じ,授業時数との関連において総合的に組織した各学校の教育計画」を教育課程とするのならば,現在でも十分に適用できる基本原理である。多くの学校の教育課程は,それがタイラー原理であることを自覚しているか否かは別として,この原理に従って編成されているといってよい。タイラー原理は,教育課程編成のために,次の

第10章 教育課程編成の基本

4つを明確にしなければならないというシンプルな原理である。

① その学校がどのような教育目標を達成すべきか

② 目標を達成するために，どのような教育活動（教育内容）を行うべきか

③ その教育活動（教育内容）はどのように組織すべきか

④ この目標が達成されたかどうかを，どのように評価すべきか

　目標を明確にし，それを達成するためにどのような手段をとるべきか，それをどう評価すべきかを明確にするという，合理的で基本的な手続きといえる。一方で，例えば経験主義的な立場からは，「目標設定とそれに資する仕組みに気を取られすぎて，教師と子供の「教える・学ぶ営み」の主体性・能動性や臨機応変さを損なうのではないか」などの批判もある。

　しかし，次節で示すように，実際に「学習指導要領に準拠して」教育課程を編成しようとしたならば，タイラー原理が十分な有効性をもっていることがわかることになるだろう。

第3節　学習指導要領に依拠した，学校の教育課程編成の原則

　ここまでの教育課程編成の原理は，学術的知見をふまえながらその大枠を見てきたといえる。ここからは，日本の学校教育に焦点をあて，小学校学習指導要領（平成29年告示）やその解説にあてはめながら，それらを具現化する際の基本を学んでみよう。

1. 学習指導要領に準拠した目標設定と評価

　小学校学習指導要領第1章総則第1の1において，次のように示されている。

　各学校においては，教育基本法及び学校教育法その他の法令並びにこの章以下に示すところに従い，児童の人間として調和のとれた育成を目指し，児童の心身の発達の段階や特性及び学校や地域の実態を十分考慮して，適切な教育課程を編成するものとし，これらに掲げる目標を達成するよう教育を行うものとする。

135

第Ⅳ部　教育課程の編成の方法

　また，『小学校学習指導要領解説　総則編』（以下，『総則編』）では，以下のように示されている。

> 第1章総則第1の2では，学校の教育活動を進めるに当たっては，各学校において「創意工夫を生かした特色ある教育活動を展開する」ことが示されており，教育課程編成における学校の主体性を発揮する必要性が強調されている。

> 学校において教育課程を編成するということは，学校教育法第37条第4項において「校長は，校務をつかさどり，所属職員を監督する。」と規定されていることから，学校の長たる校長が責任者となって編成するということである。これは権限と責任の所在を示したものであり，学校は組織体であるから，教育課程の編成作業は，当然ながら全教職員の協力の下に行わなければならない。

　教育課程の編成は，学校長が責任者となり，全教職員の協力の下で行う。つまり，教育課程編成の主体者は学校長を始めとした全教職員である。
　また，先に述べていたタイラー原理の4つに基づいたならば，「①その学校がどのような教育目標を達成すべきか」については，教育基本法および学校教育法その他の法令ならびに学習指導要領の示すところに従わなければならないということである。また，「児童の人間としての調和のとれた育成」を目指すべきものであり，それを各学校で「目標」として具現化し，設定することが必要であることがわかる。目標については，さらにこのようにも言及されている。

> 各学校において教育目標を設定する際には，次のような点を踏まえることが重要となる。
> (1) 法律及び学習指導要領に定められた目的や目標を前提とするものであること。
> (2) 教育委員会の規則，方針等に従っていること。
> (3) 学校として育成を目指す資質・能力が明確であること。
> (4) 学校や地域の実態等に即したものであること。
> (5) 教育的価値が高く，継続的な実践が可能なものであること。
> (6) 評価が可能な具体性を有すること。

第 10 章　教育課程編成の基本

（6）については，タイラー原理の「④この目標が達成されたかどうかを，どのように評価すべきか」を明確にすることに直結していることがわかるだろう。教育課程の編成は，常にそれが妥当であるか，有効であるかを判断するための評価が必要であり，評価が次の教育課程の改善へとつながるのである。

2.　学習指導要領に準拠した教育内容の組織化

小学校学習指導要領第 1 章総則第 2 の 1 において，次のように示されている。

1　各学校の教育目標と教育課程の編成
　教育課程の編成に当たっては，学校教育全体や各教科等における指導を通して育成を目指す資質・能力を踏まえつつ，各学校の教育目標を明確にするとともに，教育課程の編成についての基本的な方針が家庭や地域とも共有されるよう努めるものとする。

教育課程の編成の前提として，編成は目標を達成するためのものであり，そのための内容選択でなければならないことがわかる。また，その方針は家庭や地域とも共有されるように努めなければならない。これは，家庭や地域がそれを理解し，同じベクトルで児童を育てていくことが，教育効果を上げることにつながるからである。

また，小学校学習指導要領第 1 章総則第 2 の 3「(1) 内容等の取扱い」において，次のように示されている（一部省略）。

ア　第 2 章以下に示す各教科，道徳科，外国語活動及び特別活動の内容に関する事項は，特に示す場合を除き，いずれの学校においても取り扱わなければならない。
イ　学校において特に必要がある場合には，第 2 章以下に示していない内容を加えて指導することができる。…（中略）…ただし，これらの場合には，第 2 章以下に示す各教科，道徳科，外国語活動及び特別活動の目標や内容の趣旨を逸脱したり，児童の負担過重となったりすることのないようにしなければならない。
ウ　第 2 章以下に示す各教科，道徳科，外国語活動及び特別活動の内容に掲げ

137

第Ⅳ部　教育課程の編成の方法

> る事項の順序は，特に示す場合を除き，指導の順序を示すものではないので，
> 学校においては，その取扱いについて適切な工夫を加えるものとする。

　学習指導要領に示されている教科等の内容は，いずれの学校も取り扱わなければならないこと，ただし，示していない内容を加えてもよいこと，指導順序は，各学校の実態をふまえて適切な工夫ができることがわかる。
　さらに，『総則編』の第3章第2節3の (2) では，次のように示されている。

> 　各教科等の指導は一定の時間内で行われるものであり，これらに対する授業
> 時数の配当は，教育課程編成の上で重要な要素である。各教科等の授業時数に
> ついては，学校教育法施行規則において各教科等の年間授業時数の標準を定め，
> 学習指導要領において年間の授業週数などを定めている。…（中略）…各学校
> においては，これらを踏まえ，学校の教育課程全体のバランスを図りながら，
> 児童や学校及び地域の実態等を考慮し，学習指導要領に基づいて各教科等の教
> 育活動を適切に実施するための授業時数を具体的に定め，適切に配当する必要
> がある。

　授業時数の標準をふまえつつ，時数を適切に配当することも，各学校の実態に応じて工夫が必要ということである。
　ここまで抜粋した学習指導要領の内容は，すべてタイラー原理の「②目標を達成するために，どのような教育活動（教育内容）を行うべきか」及び「③その教育活動（教育内容）はどのように組織すべきか」について示していることに他ならないことがわかるだろう。
　このように，日本の学校教育における教育課程の編成は，学習指導要領に示されたものをふまえるとともに，それに付加する内容や配列，時間配分の工夫が可能であり，学校に応じてそれを行うことであるといえる。

　本章では，教育課程編成の大枠としての原理から，日本の公立学校にそれをあてはめたときの基本までを学んできた。公立学校は公教育であり，そこに従事する教員は教育公務員である。よって，このように学習指導要領に示

第 10 章　教育課程編成の基本

す目標・内容をふまえたうえで各学校の教育目標を定めるとともに，その目標を達成するための教育課程を編成することが基本でなければならない。

　一方で，教育実践者としてではなく，研究者としての視点であれば，タイラー原理に批判的な見解を示す研究者がいるように，すべてを自明とせず，クリティカルな視点で見ることも興味深い。それは，学習指導要領を批判するという意味ではなく，相対化してよさや課題を見出し，今後の教育やその発展について深く考える契機となるだろう。

［大村龍太郎］

● **考えてみよう！**

　▶ 教科カリキュラムと経験カリキュラムで考えられるよさや課題を考えて出し合ってみよう。
　▶ これまで自分が受けてきた教育の中から，教科を一つ選び，それを使ってスコープやシークエンスを説明してみよう。
　▶ 身近な学校や，インターネット上で教育課程を公開している学校を取り上げ，学習指導要領をふまえつつも，それに付加する内容や配列，時間配分の工夫をしていると考えられる部分を調べてみよう。

● **引用・参考文献**

天野正輝（2001）「カリキュラムの類型」日本カリキュラム学会編著『現代カリキュラム事典』ぎょうせい，pp.16-17

田中統治（2001）「教育研究とカリキュラム研究」山口満編著『現代カリキュラム研究』学文社，pp.21-45

文部科学省（2017）「小学校学習指導要領（平成 29 年告示）」

文部科学省（2017）「小学校学習指導要領（平成 29 年告示）解説　総則編」

IEA（2011）"TIMSS 2011 Assessment Frameworks" https://timssandpirls.bc.edu/timss2011/downloads/TIMSS2011_Frameworks-Introduction.pdf（2018.10.9 最終閲覧）

Tyler, R.W.（1950）*Basic Principles of Curriculum and Instruction*, University of Chicago Press.

第Ⅳ部　教育課程の編成の方法

● COLUMN ●

▶ 制約があるからこその創造的教育課程

　教育課程を編成する際，一般公立学校では，国の規定として法的拘束力をもつ学習指導要領に則らなければならない。そこには，各教科等の目標，各学年の目標，内容，その教科等の標準授業時数も示されている。また，各自治体で採用している検定教科書もあり，地域にある教育資源や学校設備も限られている。各学校の教育課程は，このようなさまざまな制約の中で編成されることになる。

　2020年度より全面実施の学習指導要領では，カリキュラム・マネジメントの重要性が述べられているが，ときおり，「こんなさまざまな制約がある中では，クリエイティブなカリキュラムメイクができない，創造的な教育がやりづらい」という声をきく。確かに，教育の機会均等とはいえ，もう少し制約がゆるければ，多様な案が浮かぶこともあるだろう。また，そもそもその制約内容が本当に教育的に妥当なのかは，常に検討され続けなければならない。

　しかし，制約があることで創意工夫ができなくなるというのは本当だろうか。「制約」と「創造」は，そもそも対立概念なのだろうか。スポーツのサッカーは，ゴールキーパー以外は手を使用してはならないというルールがある。だからこそ，どうすればその制約の中でボールを相手ゴールに入れることができるのかについて創造的に思考され，さまざまな技術や戦術が生み出されてきた。他のスポーツも皆，ルールという制約があるからこそ，技術や戦術が発展するのである。エンジニアや芸術家，企業で斬新な企画を生み出す人々の中でも，制約のあるところにこそ創造が生まれると考える人は多い。

　教育課程も同様である。全国のさまざまな学校の教育課程の事例を調べ，比較してみてほしい。基本的なラインが類似していたとしても，その地域ならではの教材を使った単元や，子どもの実態や地域の願いをふまえたその学校らしい教育課程の特徴に気づくだろう。制約があったからこそ，「何でもあり」ではなしえない教育課程の編成，各教科等の単元構成，授業方法の工夫が各学校や教師たちから創造的に生み出されてきたのである。

　カリキュラム・マネジメントとは，教育課程を計画，実施，評価，改善し続けながら，教育効果を最大限高めていく営みである。現実的な制約があるからこその創造的な教育課程の編成・更新に，教師の重要な力量の一つがためされるといえる。

[大村龍太郎]

第11章

教科・領域の横断と教育内容

━━━━━━●　本章のねらい　●━━━━━━

　学習指導要領（平成29・30年告示）で，各教科・領域における学習を充実させることはもちろんのこと，さまざまな教科・領域を横断した視点で教育内容を選択・配置した学習も進める必要があるということが示された。

　そこで，本章では，教科・領域を横断して教育内容を選択・配置する方法を「食育」を例にしながら解説する。

第1節　子供たちの現状と求められる資質・能力

　近年の情報化やグローバル化といった社会的変化が，人間の予測を超えて加速度的に進展するようになってきており，複雑で予測困難な時代を迎えようとしている。人工知能（AI）の飛躍的な進化を挙げ，人工知能が自ら知識を概念的に理解し，思考し始めているとも言われている。また，情報技術の飛躍的な進化等により，経済や文化など社会のあらゆる分野でのつながりが国境や地域を越えて活性化し，多様な人々や地域同士のつながりはますます緊密さを増し，グローバル化が進展していくと考えられる。

　このような未来に，子供たちが変化を前向きに受け止め，主体的に生きていくためには，学習指導要領総則第2の2では，以下の資質・能力が必要であると述べている。

141

第Ⅳ部　教育課程の編成の方法

① 学習の基盤となる資質・能力の育成

　言語能力，情報活用能力（情報モラルを含む），問題発見・解決能力等の学習の基盤となる資質・能力を，各教科等の特質を生かし，教科等横断的な視点から教育課程の編成を図ることで育成することが求められている。これらの能力は2017・18（平成29・30）年の改訂では「学習の基盤となる」とされた。言語能力，情報活用能力や問題発見・解決能力を育成するだけではなく，身につけた資質・能力を生かして子供たちはさらに深い学びを目指していくことを意味しているのである。

② 現代的な諸課題に対応して求められる資質・能力の育成

　豊かな人生の実現や災害等を乗り越えて次代の社会を形成することに向けた現代的な諸課題に対応して求められる資質・能力を，教科等横断的な視点で，各学校の特色を生かした教育課程の編成を図ることで育成していくことが求められている。

　現代的諸課題（以下，「諸課題」という）については，大人でも解決することが難しい内容を含んでいることから，すべての子供が諸課題を現段階で解決することを目指しているものではない。求められているのは，諸課題を解決するために必要な情報を収集し，その情報を整理・分析したりする中で自分の考えをまとめて表現したり，他者との対話によって多様な考えにふれたりすることを通して，生涯にわたり諸課題に対して向きあっていこうとする態度を養うことが大切になってくるのである。

第2節　教科・領域を横断して教育内容を選択・配置する理由

　第1節で述べた「学習の基盤となる資質・能力」や「現代的な諸課題に対応して求められる資質・能力」を育成するために，教科・領域を横断した視点で教育課程を編成することが求められている。そのため，教科・領域を横断して教育内容を選択・配置しなければならない。そうすることで，それぞれの教科・領域の中で学ぶだけではなく，他の教科・領域で学んだ知識を関

142

連付け，比較したり，整理分析したり，考えをまとめて表現したりすることができ，新たな知識の獲得につながっていく。ここで，重要なことは，思考のプロセスを繰り返し行うことである。単発的に設定するのではなく，何度も思考のプロセスを経験することで，内容だけではなく思考のプロセスでの学び方自体も学ぶこととなり，資質・能力がより向上していくということになる。

第3節　食に関する力と求められる資質・能力

1. 学校における食育の捉え方

　食育については，食事の重要性，喜びや楽しさ，心身の成長や健康の保持・増進のうえで望ましい栄養や食事の摂り方を理解し自己管理していく能力，正しい知識・情報に基づいて食品の品質および安全性等について自ら判断できる能力，食物を大事にし，食物の生産等にかかわる人々へ感謝する心，食生活のマナーや食事を通じた人間関係形成能力，各地域の産物，食文化や食にかかわる歴史等を理解し，尊重する心などを総合的に育むという観点から，食に関する指導を行うことを「学校における食育」として捉え，推進することが必要である。

2. 給食の時間の活用

　学校での取組みとともに，家庭，地域と連携した取組みを行うこと，給食の時間を食育の重要な機会の一つとして積極的に活用すること，関係する教科等における食に関する指導において，学校給食をより積極的に教材として活用すること，栄養教諭・学校栄養職員がその専門性を発揮し，関係する教科等における食に関する指導において積極的に関わっていくことなどが重要である。

第Ⅳ部　教育課程の編成の方法

3．学習指導要領の中での食育の位置付け

　学習指導要領解説総則編では，第1節（3）で述べた現代的な諸課題に対応して求められる資質・能力の中に，「健康・安全・食に関する力」が例示されている。つまり食に関する力も求められる資質・能力であり，その資質・能力を育成するために，学校において食育を推進していく必要がある。また，総則第1の2（3）では，「食育の推進を学校の教育活動全体で適切に行うこと」とされており，教科・領域を横断して教育内容を選択・配置することが求められている。

第4節　教科・領域を横断して食育の教育内容を選択・配置

1．学校の現状と課題の把握

　教科・領域を横断して教育内容を選択・配置するためには，学校の現状を把握することから始めていく。学校教育目標に基づいて，学校や児童生徒，家庭・地域を見つめ，どのような課題があるのかをきちんと把握する必要がある。例えば，全国学力・学習状況調査の結果など各種調査結果，教職員による児童生徒の観察結果，学校評価等の結果や保護者・関係者からの聞き取り結果などから現状と課題を把握していくことが大切である。

2．重点目標と評価指標の設定

　次に，把握した現状と課題を分析し重点目標と評価指標を設定していく（図11.1に例示）。例えば，分析した結果，「食に関することに課題が見られる」ということが明確になったとしたら，そのことを解決するための重点目標と評価指標を設定していく。また，目標とともに計画段階から評価指標を設定しておくことも大切である。

　教科・領域を横断した教育内容を選択・配置するということは，課題に関するカリキュラムを作成するということになるのだが，カリキュラムを作成し，それに基づいて授業等の取組みを行った後，そのカリキュラムの評価を

144

成果指標（アウトカム）の例		現状値	目標値	実績値	評価	備考(取組状況や参考となる事項等)
食に関する知識の習得状況	知識テストや授業等による知識の習得状況など	—	—	—	1 2 3 4	学校の実情に応じて段階別評価を行うか否かを検討します。
食に関する意識の改善状況	食育に「関心がある」と回答した割合	●%	●%	●%	1 2 3 4	
	「朝食をとることは大切である」と回答した割合	●%	●%	●%	1 2 3 4	
食習慣の状況（朝食摂取、食事内容等）	朝食を「毎日食べる」と回答した割合	●%	●%	●%	1 2 3 4	
	「栄養バランスを考えた食事をとっている」と回答した割合	●%	●%	●%	1 2 3 4	
	朝食又は夕食を家族と一緒に食べる「共食」の回数	●%	●%	●%	1 2 3 4	
生活習慣の状況（睡眠時間、排便習慣等）	睡眠時間を●時間以上確保できている割合	●%	●%	●%	1 2 3 4	
肥満・瘦身の状況	肥満度20%以上の出現率		●%	●%	●%	
	肥満度-20%以上の出現率		●%	●%	●%	
学校給食での栄養摂取状況	配膳されたものを残さず食べられた子供の割合	●%	●%	●%	1 2 3 4	
疾病（不定愁訴）等の発生状況	病欠者の人数（割合）	●%	●%	●%	1 2 3 4	

【評価】　1：できた　2：おおむねできた　3：あまりできなかった　4：できなかった
　　　　（参考）：間接的ではあるが関連が想定される指標
出典「栄養教諭を中核としたこれからの学校の食育」（文部科学省，平成29年3月）

図11.1　成果指標（アウトカム）の評価項目例（抜粋）

（出所）文部科学省（2019：254）より一部抜粋。

行うので，目標が達成できたかどうかという観点で評価指標を設定することになる。

3．組織的な体制づくりと全体計画

　目標を設定した後，その目標を達成するために全体計画とカリキュラムを組織的，計画的に作成することが大切である。このときにポイントとなることは，以下等である。

①　学校の全教職員で取り組めるような全体計画が作成されている

②　必要な人的・物的な体制が確保できている

③　栄養教諭等が中核となった組織づくりができている

④　家庭・地域との連携が図れている

⑤　目標に基づいた職員研修が位置づいている

第Ⅳ部　教育課程の編成の方法

1　食に関する指導の全体計画①（小学校）例

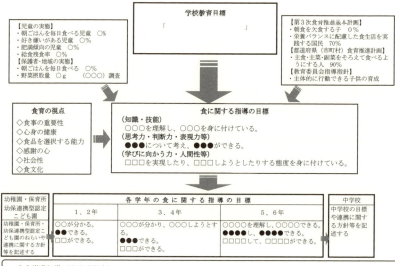

図 11.2　具体的な全体計画のイメージ

（出所）文部科学省（2019：42）より抜粋。

第11章　教科・領域の横断と教育内容

組織的に行うことで，すべての子供たちに力を身につける機会を保障することになる。また，学校の全教職員で取り組むことでどの学年やクラスでも歩調を合わせて取り組むことができ，より効率的に効果をあげることが可能となる。

4. 系統的なカリキュラムを作成

次に，どの教科・領域の内容をどのように選択・配置するかを決めて系統的にカリキュラムを作成していく。以下等がここではポイントとなる。

① 目標を達成するために必要な内容となっている
② 児童生徒の発達段階に応じた内容となっている
③ 児童生徒にとって興味・関心がある内容となっている
④ 目標を達成するために観点が整理されている
⑤ 選択・配置した内容のそれぞれがつながりを意識した系統的なものになっている
⑥ 無理のない計画及び時間設定となっている
⑦ 主体的・対話的で深い学びを意識した内容を配置している

同じ教科・領域の内容だけではなく違った教科・領域の内容も関連づけていく必要がある。

また，学習を繰り返し行うことで，子供たちの中に学習内容が定着していくので，そのことも意識した系統的なカリキュラムを作成することが大切である。

例えば「現代的な諸課題に対応して求められる資質・能力」の中の「食に関する力」を育成するためには，第3節1. で示したような「食に関する指導」を行う必要がある。**図11.3** は文部科学省が示している「食に関する指導の手引—第二次改訂版—」(2019) の中の食に関する指導の全体計画②の例で，食に関する指導のカリキュラムといえる。横軸には月，縦軸には教科・領域の区分けを示し，教科・領域別に内容を選択・配置している。6年間や9年間を見通して系統的に指導することが求められているのである。

第Ⅳ部　教育課程の編成の方法

食に関する指導の全体計画②（小学校）例

教科等			4月	5月	6月	7月	8〜9月
学校行事等			入学式	運動会	クリーン作戦	集団宿泊合宿	
推進体制	進行管理			委員会		委員会	
	計画策定		計画策定				
教科・道徳等・総合的な学習の時間	社会		県の様子【4年】、世界の中の日本、日本の地形と気候【5年】	私たちの生活を支える飲料水【4年】、高地に住む人々の暮らし【5年】	地域にみられる販売の仕事【3年】、ごみのしょりと再利用【4年】、寒い土地のくらし【5年】日本の食糧生産の特色【5年】、狩猟・採集や農耕の生活、古墳、大和政権【6年】	我が国の農業における食料生産【5年】	地域に見られる生産の仕事（農家）【3年】、我が国の水産業における食料生産【5年】
	理科			動物のからだのつくりと運動【4年】、植物の発芽と成長【5年】、動物のからだのはたらき【6年】	どれくらい育ったかな【3年】、暑くなると【4年】、花から実へ【5年】、植物のからだのはたらき【6年】	生き物のくらしと環境【6年】	実がたくさんできたよ【3年】
	生活		がっこうだいすき【1年】	たねをまこう【1年】、やさいをそだてよう【2年】			秋のくらし　さつまいもをしゅうかくしよう【2年】
	家庭			おいしい楽しい調理の力【5年】	朝食から健康な1日の生活を【6年】		
	体育				毎日の生活と健康【3年】		
	他教科等		たけのこぐん【2国】	茶つみ【3音】	ゆうすげむらの小さな旅館【3国】	おおきなかぶ【1国】海のいのち【6国】	
	道徳		自校の道徳科の指導計画に照らし、関連する内容項目を明記すること。				
	総合的な学習の時間			地元の伝統野菜をPRしよう【6年】			
特別活動	学級活動・食育教材活用		給食がはじまるよ＊【1年】	元気のもと朝ごはん＊【2年】、生活リズムを調べてみよう＊【3年】、食べ物の栄養＊【5年】	よくかんで食べよう【4年】、朝食の大切さを知ろう【6年】	夏休みの健康な生活について考えよう【6年】	弁当の日のメニューを考えよう【5・6年】
	児童会活動		残菜調べ、片付け点検確認・呼びかけ				
			目標に対する取組等（5月：身支度チェック、12月：リクエスト献立募集・集計）				
			掲示（5月：手洗い、11月：おやつに含まれる砂糖、2月：大豆の変身）				
					給食委員会発表「よく噛むことの大切さ」		
	学校行事		お花見給食、健康診断		全校集会		遠足
	給食の時間	給食指導	仲良く食べよう		楽しく食べよう		食べ物を大切にしよう
			給食のきまりを覚えよう		食事の環境について考えよう		
			楽しい給食時間にしよう				感謝して食べよう
		食に関する指導	給食を知ろう				食べ物の名前を知ろう
			食べ物の働きを知ろう				食べ物の三つの働きを知ろう
			季節の食べ物について知ろう				食生活について考えよう
学校給食の関連事項	月目標		給食の準備をきちんとしよう	きれいなエプロンを身につけよう	よくかんで食べよう	楽しく食事をしよう	正しく配膳をしよう
	食文化の伝承		お花見献立	端午の節句		七夕献立	お月見献立
	行事食		入学進級祝献立お花見献立		カミカミ献立		祖父母招待献立、すいとん汁
	その他			野菜ソテー	卵料理		
	旬の食材		なばな、春キャベツ、たけのこ、新たまねぎ、きよみ	アスパラガス、グリーンピース、そらまめ、新たまねぎ、いちご	アスパラガス、じゃがいも、にら、いちご、びわ、アンデスメロン、さくらんぼ	おくら、なす、かぼちゃ、ピーマン、レタス、ミニトマト、すいか、プラム	さんま、さといも、ミニトマト、とうもろこし、かぼちゃ、えだまめ、きのこ、なす、ぶどう、なし
	地場産物		じゃがいも	こまつな、チンゲンサイ、じゃがいも	こまつな、チンゲンサイ、なす、ミニトマト		こまつな、チンゲンサイ、たまねぎ、じゃがいも
			地場産物等の校内放送や指導カードを使用した給食時の指導充実。教科等の学習や体験活動と関連を図る。				
			推進委員会（農場訪問（体験）、食育計画等）				推進委員会
個別的な相談指導			すこやか教室		すこやか教室（面談）		
家庭・地域との連携			積極的な情報発信（自治体広報誌、ホームページ）、関係者評価の実施、公民館活動、地域ネットワーク（人材バンク）等の活用				
			学校だより、食育（給食）だより、保健だよりの発行				
			・朝食の大切さ・運動と栄養・食中毒予防・夏休みの食生活・食事の量				・地元の野菜の特色
			学校公開日	学校給食試食会		公民館親子料理教室	家庭教育学級

図11.3　食に関する指導の具体的な

（出所）文部科学省（2019：44-45）

10月	11月	12月	1月	2月	3月
就学時健康診断	避難訓練				卒業式
委員会		委員会		委員会	
		評価実施	評価結果の分析	計画案作成	
			市の様子の移り変わり【3年】、長く続いた戦争と人々のくらし【6年】	日本とつながりの深い国々【6年】	
		水溶液の性質とはたらき【6年】	物のあたたまりかた【4年】		
食べて元気！ごはんとみそ汁【5年】	まかせてね今日の食事【6年】				
	育ちゆく体とわたし【4年】		病気の予防【6年】		
サラダで元気【1国】言葉の由来に関心をもとう【6国】	くらしの中の和と洋【4国】、和の文化を受けつぐ【5国】	プロフェッショナルたち【6国】	おばあちゃんに聞いたよ【2国】	みらいへのつばさ（備蓄計画）【6算】	うれしいひなまつり【1音】
食べ物はどこから＊【5年】	食事をおいしくするまほうの言葉＊【1年】、おやつの食べ方を考えてみよう＊【2年】、マナーのもつ意味＊【3年】、元気な体に必要な食事＊【4年】		食べ物のひみつ【1年】、食べ物の「旬」＊【2年】、小児生活習慣病予防健診事後指導【4年】	しっかり食べよう　3度の食事【3年】	
	生産者との交流給食会		学校給食週間の取組		
	交流給食会		給食感謝の会		
			給食の反省をしよう		
			1年間の給食を振り返ろう		
			食べ物に関心をもとう		
			食生活を見直そう		
			食べ物と健康について知ろう		
後片付けをきちんとしよう	食事のあいさつをきちんとしよう	きれいに手を洗おう	給食について考えよう	食事マナーを考えて食事をしよう	1年間の給食をふりかえろう
和食献立	地場産物活用献立	冬至の献立	正月料理	節分献立	和食献立
みそ汁（わが家のみそ汁）	伝統的な保存食（乾物）を使用した料理	クリスマス献立	給食週間行事献立	リクエスト献立	卒業祝献立（選択献立）
			韓国料理、アメリカ料理		
さんま、さけ、きのこ、さつまいも、くり、かき、りんご、ぶどう	新米、さんま、さけ、さば、さつまいも、はくさい、ブロッコリー、ほうれんそう、ごぼう、りんご	のり、ごぼう、だいこん、ブロッコリー、ほうれんそう、みかん	かぶ、ねぎ、ブロッコリー、ほうれんそう、キウイフルーツ、ぽんかん	しゅんぎく、ブロッコリー、ほうれんそう、みかん、いよかん、キウイフルーツ	ブロッコリー、ほうれんそう、いよかん、きよみ
こまつな、チンゲンサイ、たまねぎ、じゃがいも、りんご	たまねぎ、じゃがいも	りんご	たまねぎ、じゃがいも		
		推進委員会		推進委員会（年間生産調整等）	
	すこやか教室　管理指導表提出		個別面談		個人カルテ作成
・地場産物のよさ・日本型食生活のよさ			・運動と栄養・バランスのとれた食生活・心の栄養		
	学校保健委員会、講演会				

カリキュラムのイメージ

第Ⅳ部　教育課程の編成の方法

第5節　食育の教育内容について

1.　食育と教科等との関係

　学習指導要領（平成29・30年告示）では，食育は児童の発達の段階を考慮して，学校の教育活動全体を通じて適切に行うこととされている。また，体育科（保健体育科），家庭科（技術・家庭科）および特別活動の時間はもとより，各教科，道徳科，外国語活動および総合的な学習の時間などにおいてもそれぞれの特質に応じて適切に行うよう努めることとなっている。つまり，体育科（保健体育科），家庭科（技術・家庭科）および特別活動の時間を中心にさまざまな教科・領域の中で食育を実施することになる。

2.　授業のねらいと内容

　教科・領域には，それぞれ固有のねらいや内容があり，ねらいを達成するために内容を指導していくということが大原則である。そのうえで，教科・

---

(2) 我が国の農業や水産業における食料生産について，学習の問題を追究・解決する活動を通して，次の事項を身に付けることができるよう指導する。
ア　次のような知識及び技能を身に付けること。
(ア) 我が国の食料生産は，自然条件を生かして営まれていることや，国民の食料を確保する重要な役割を果たしていることを理解すること。
(イ) 食料生産に関わる人々は，生産性や品質を高めるよう努力したり輸送方法や販売方法を工夫したりして，良質な食料を消費地に届けるなど，食料生産を支えていることを理解すること。
(ウ) 地図帳や地球儀，各種の資料で調べ，まとめること。
イ　次のような思考力，判断力，表現力等を身に付けること。
(ア) 生産物の種類や分布，生産量の変化，輸入など外国との関わりなどに着目して，食料生産の概要を捉え，食料生産が国民生活に果たす役割を考え，表現すること。
(イ) 生産の工程，人々の協力関係，技術の向上，輸送，価格や費用などに着目して，食料生産に関わる人々の工夫や努力を捉え，その働きを考え，表現すること。

図11.4　小学校第5学年社会科の食に関連する内容

（出所）文部科学省（2019：78）より抜粋

第11章 教科・領域の横断と教育内容

領域を横断して教育内容を選択・配置していくことになる。そうすることで，教科・領域の内容が充実し，第2節で述べた「求められる資質・能力」の育成が図られることが重要である。そういう意味で，まずは教科・領域のねらいを達成する中で食育の視点（食育のねらい）を位置づけていく必要がある。

3. 食育の教育内容の選択・配置例

例えば「食品を選択する能力」の視点で指導するときに，3年生の国語で「すがたをかえる大豆」，社会科で「見直そう私たちのくらし」，特別活動の時間で「食品について知ろう」など，違う教科等の中でさまざまな見方から「食品」について学び，生活の中で自分に合った食品を選択する能力の素地

食に関する指導の全体計画②（小学校）例

教科等		4月	5月	6月	7月	8～9月
学校行事等		入学式	運動会	クリーン作戦	集団宿泊合宿	
推進体制	進行管理		委員会		委員会	
	計画策定	計画策定				
教科・道徳等　総合的な学習の時間	社会		県の様子【4年】、世界の中の日本、日本の地形と気候【5年】	私たちの生活を支える飲料水【4年】、高地に住む人々の暮らし【5年】	地域にみられる販売の仕事【3年】、ごみのしょりと再利用【4年】、寒い土地のくらし【5年】日本の食糧生産の特色【5年】、狩猟・採集や農耕の生活、古墳、大和政権【6年】	我が国の農家における食料生産【5年】	地域に見られる生産の仕事（農家）【3年】、我が国の水産業における食料生産【5年】
	理科			動物のからだのつくりと運動【4年】、植物の発芽と成長【5年】、動物のからだのはたらき【6年】	どれくらい育ったかな【3年】、暑くなると【4年】、花から実へ【5年】、植物のからだのはたらき【6年】	生き物のくらしと環境【6年】	実がたくさんできたよ【3年】
	生活	がっこうだいすき【1年】	たねをまこう【1年】、やさいをそだてよう【2年】			秋のくらし　さつまいもをしゅうかくしよう【2年】
	家庭			おいしい楽しい調理の力【5年】	朝食から健康な1日の生活を【6年】	
	体育				毎日の生活と健康【3年】	
	他教科等	たけのこぐん【2国】	茶つみ【3音】		ゆうすげむらの小さな旅館【3国】	おおきなかぶ【1国】、海のいのち【6国】
	道徳		自校の道徳科の指導計画に照らし、関連する内容項目を明記すること。			
	総合的な学習の時間		地元の伝統野菜をPRしよう【6年】			
特別活動	学級活動*食育教材活用	給食がはじまるよ*【1年】	元気のもと朝ごはん*【2年】、生活リズムを調べてみよう*【3年】、食べ物の栄養*【5年】	よくかんで食べよう【4年】、朝食の大切さを知ろう【6年】	夏休みの健康な生活について考えよう【6年】	弁当の日のメニューを考えよう【5・6年】
	児童会活動	残菜調べ、片付け点検確認・呼びかけ目標に対する取組等（5月；身支度チェック、12月；リクエスト献立募集・集計）掲示（5月；手洗い、11月；おやつに含まれる砂糖、2月；大豆の変身）			給食委員会発表「よく噛むことの大切さ」	
	学校行事	お花見給食、健康診断		全校集会		遠足
給食の時間	給食指導	仲良く食べよう給食のきまりを覚えよう楽しい給食時間にしよう		楽しく食べよう食事の環境について考えよう		食べ物を大切にしよう感謝して食べよう
	食に関する指導	給食を知ろう食べ物の働きを知ろう季節の食材について知ろう				食べ物の名前を知ろう食べ物の三つの働きを知ろう食生活について考えよう

教科等で学習した内容と給食の時間における指導のねらいと関連づける

図11.5　教科・領域と給食の時間の関連づけの例

（出所）文部科学省（2019：44）より作成

を養っていくことになる。また、「食事の重要性」の観点で指導するときに、各学年の特別活動の時間で「健康な生活習慣」について発達段階に応じて学習し、自分の健康にとって食事が大切であることを学んでいくことになる。さらに、給食の時間における教育内容を選択・配置していくことも食育では忘れてはならない。教科・領域で学んだ内容（図11.4）と給食の時間に行われる指導とを関連づける（図11.5）ことで、教育効果をさらに高めることが期待できるのである。

第6節　PDCAサイクルで評価・改善

作成したカリキュラムは、計画段階で作成した評価指標に基づき、PDCAサイクルで評価・改善を行う。評価指標は、数値による定量的な指標から数値に表すのが難しい定性的な指標までさまざまなものが想定されるが、学校の実情等に応じて適切に設定する必要がある。また、活動指標（アウトプット）だけでなく、成果指標（アウトカム）についても設定し総合的な評価につなげることが重要である。

活動指標（アウトプット）とは、目的・目標の達成のために行われる取組みの結果に対する評価で、評価指標としては、指導実施率、指導の継続率、研修の回数などがある。それに対して、成果指標（アウトカム）は、目的・目標

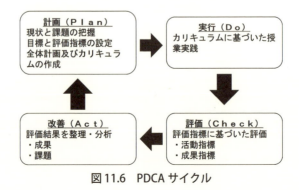

図11.6　PDCAサイクル

第11章　教科・領域の横断と教育内容

の達成度，また，成果の数値目標に対する評価である。具体的な評価指標としては，内容に関連のある調査結果やテスト結果の変化，子供や保護者の意識変化や行動変容などがある。

　評価した後，**図11.6** のように PDCA サイクルで，評価結果を整理・分析して成果と課題を明確にし，次年度の計画へ反映させて改善を図ることになる。

[清久　利和]

● **考えてみよう！**

▶ 思考のプロセスを子供たちが繰り返し行うためには，どういうことが必要か考えてみよう。

▶ 下記の資質・能力の中から一つを選んで，具体的な教科・領域の教育内容を選び出し，課題解決を目指した配置をしてカリキュラムを作成してみよう。

〈学習指導要領（平成 29・30 年告示）解説総則編に例示されている資質・能力〉
(1) 学習の基盤となる資質・能力
・言語能力　　　・情報活用能力　　　・問題発見・解決能力
(2) 現代的な諸課題に対応して求められる資質・能力
・健康・安全・食に関する力　　　・主権者として求められる力
・新たな価値を生み出す豊かな創造性
・グローバル化の中で多様性を尊重するとともに，現在まで受け継がれてきた我が国固有の領土や歴史について理解し，伝統や文化を尊重しつつ，多様な他者と協働しながら目標に向かって挑戦する力
・地域や社会における産業の役割を理解し地域創生等に生かす力
・自然環境や資源の有限性等の中で持続可能な社会をつくる力
・豊かなスポーツライフを実現する力

● **引用・参考文献**

田村知子・村川雅弘・吉冨芳正・西岡加名恵編著（2016）『カリキュラムマネジメントハンドブック』ぎょうせい

田村学編著（2017）『カリキュラム・マネジメント入門』東洋館出版社

第Ⅳ部　教育課程の編成の方法

文部科学省（2017a）「小学校学習指導要領（平成29年告示）解説　総則編」
文部科学省（2017b）「中学校学習指導要領（平成29年告示）解説　総則編」
文部科学省（2019）「食に関する指導の手引―第二次改訂版―」
山田雅彦編著（2016）『教師のための教育学シリーズ6　教育課程論』学文社
吉冨芳正編（2017）『次代を創る「資質・能力」を育む学校づくり3　新教育課程
　とこれからの研究・研修』ぎょうせい

第 V 部

カリキュラム・マネジメント

第Ⅴ部　カリキュラム・マネジメント

第12章

カリキュラム・マネジメントの意義

━━●　本章のねらい　●━━

　本章では，まず学術的見地から，カリキュラム・マネジメントが意味するもの，その内容を確認する。次いで，2017・18（平成29・30）年告示の学習指導要領におけるカリキュラム・マネジメントの位置づけを整理し，またそれに応じた実践を紹介する。最後にカリキュラム・マネジメントと校内研修の連関を述べる。読者には，これらを読解し，カリキュラム・マネジメントの意義とそれに即した実践的アイデアを吸収してもらいたい。

第1節　カリキュラム・マネジメントの定義とモデル

　カリキュラム・マネジメントは，わが国のカリキュラム研究やカリキュラム開発の実践における，新しい動きである。田村知子（2011）は，カリキュラム・マネジメントは，「各学校が教育の主体者として，児童生徒や学校の実態に即して，カリキュラムをつくり，動かし，変えていく営みである」（田村 2011：7）と定義している。そして，そのベースとなる考え方を，次の5点に整理している（田村 2011：4-6）。

1)「カリキュラム」という用語が含む意味（カリキュラムがどのように実施され，どのように何が学ばれたかという点に特に着目）

2) 課題解決志向

156

第12章　カリキュラム・マネジメントの意義

3) 子供中心志向——子どもを起点とする，子どもの姿を語り合う
4) 連関性と協働性——カリキュラムを「つなぐ」，人と人を「つなぐ」
5) 創造性——カリキュラムを創り続ける

　この整理を踏まえると，カリキュラム・マネジメントの基本的意義を確認できよう。それは，子供の学びの充実を目指した，教師たちのカリキュラム開発にかかる問題解決的な営み，その持続的な発展を意味する。

　それをさらに特徴づけよう。そのために，田村（2011）による「カリキュラムマネジメント・モデル」は有用である（図12.1）。このモデルから，カリキュラム・マネジメントについて何を学べるであろうか。まず，カリキュラム面すなわち授業実践と，マネジメント面つまり学校経営の「バランスの大切さ」である。子供の学びの充実のために，教室において教師たちが，その目標を定め，その方法を工夫するという，カリキュラムのミクロな営みがモデルの上部に位置づけられている。他方，授業実践は，それを営む教師集団，その組織の構造や文化に影響される。またそれ自体も学校外の要因（家庭・

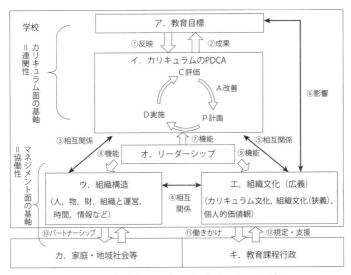

図12.1　カリキュラムマネジメント・モデル
（出所）田村（2011：7）

第Ⅴ部　カリキュラム・マネジメント

地域社会等，教育課程行政）に規定されている。カリキュラムのメゾ，マクロ
な視座がモデルの下部に配置されているのだ。つまり，このモデルは，カリ
キュラム・マネジメントが，カリキュラムに関わる多元的なまなざしを教育
関係者に要請する概念装置であることを表現している。

　次いで，モデルの中央部に注目されたい。そこを「リーダーシップ」が占
めている。そして，リーダーシップは，カリキュラムのPDCAにも，組織
構造・文化にも「機能」するものとして把握されている。なお，カリキュラ
ム・マネジメントに関わるリーダーシップは，多様である。その主体につい
てであれば，学校園長だけでなく，副校長や教頭，教務主任，研究主任等も
それを発揮する存在だ。さらに授業実践の主役は教諭や子供であるから，彼
らも，カリキュラム・マネジメントの営為において，ある種のリーダー役を
果たすと考える向きもある（木原 2009）。リーダーシップの質に関しても，
指導，支援，条件整備等々の多様なベクトルが考えられよう。

　カリキュラム・マネジメントに関する上記モデルのもう一つの特徴は，モ
デルの要素が相互作用関係で結ばれていることである。例えば，「イ．カリ
キュラムのPDCA」と「ウ．組織構造」は，両矢印の直線でつながっている。
ある学校のカリキュラム開発をとりあげて具体化してみよう。当該の学校で
は，思考力・判断力・表現力を育てる授業を各教科において構想し，実践す
るという計画を策定した。子供が思考を十分に繰り広げるためには，教科書
に加えて，豊富な資料が必要となる。そうした願いを有する教師たちは，学
校長の支援のもと，図書やICT機器を整備して，子供たちの学びを支えよ
うとする（③のイ→ウ）。しかしながら，ある年度に学校で利用できる予算に
は限りがあるため，図書の整備は進んだが，ICT環境は理想通りにはなら
なかった。それゆえ，そうした資質・能力の育成に関わる単元の設定が年間
指導計画上限定されることとなった。つまり，リソース不足が授業実践の制
約になった（③のウ→イ）。

　さらに，学校と学校外組織との間には，逆方向の矢印が並列に置かれてい
る。例えば，学校（ア～オ）と「キ．教育課程行政」のつながりに，そうし
た関係性を見いだせる。これも事例をとりあげ，その考え方を深めてみよう。

158

ある学校では，基礎的・汎用的能力の育成を標榜したキャリア教育を推進することとなった。その実践を蓄積し，その成果をデータで確認した学校長は，当該学校を管理する教育委員会が募集する「特色ある教育課程の開発に関する研究指定校」に名乗りを上げた（⑪）。教育委員会は申請書の内容を確認し，成果が期待できるとして，同校に対して，指導主事や大学研究者をアドバイザーとして派遣することとした（⑫）。同時に，その過程と成果を同校が位置する地域の他の学校に対して公開するよう，すなわち研究成果の報告会を催すよう要請した（⑫）。それに応じて，学校は，ある日の午後，当該地域の他の学校の教師に対して，キャリア教育のカリキュラム開発の過程を報告し，その代表的な授業を複数の教科・領域に及んで公開した（⑪）。

　以上のモデルの特徴に確認できるが，カリキュラム・マネジメントは，授業づくりと学校づくりを接続させる概念であり，子供，教師，関係者がカリキュラムに関わる動的な意思決定を繰り広げる舞台である。また，後述するように，それは，教師にとって同僚とともに授業づくりの力量を高める学び舎でもある。

第2節　学習指導要領におけるカリキュラム・マネジメントの内容

　2017年から改訂され，2019年度から順次全面実施となる学習指導要領において，カリキュラム・マネジメントは脚光を浴びることとなった。その必要性を，文部科学省は，次のような文言で述べている（文部科学省 2017）。

○ 教科等の目標や内容を見渡し，特に学習の基盤となる資質・能力（言語能力，情報活用能力，問題発見・解決能力等）や現代的な諸課題に対応して求められる資質・能力の育成のためには，教科等横断的な学習を充実する必要。また，「主体的・対話的で深い学び」の充実には単元など数コマ程度の授業のまとまりの中で，習得・活用・探究のバランスを工夫することが重要。

第Ⅴ部　カリキュラム・マネジメント

> ○　そのため，学校全体として，教育内容や時間の適切な配分，必要な人的・
> 物的体制の確保，実施状況に基づく改善などを通して，教育課程に基づく教育
> 活動の質を向上させ，学習の効果の最大化を図るカリキュラム・マネジメント
> を確立。

　すなわち，資質・能力の育成のためには，学習指導法の工夫が不可欠であ
り，そのための条件整備やそれを加速させる仕組みであると，カリキュラム・
マネジメントは性格づけられている。
　また，その内容として，同じ文書では，次の3側面が提示されている。

> 1.　各教科等の教育内容を相互の関係で捉え，学校の教育目標を踏まえた教科
>   横断的な視点で，その目標の達成に必要な教育の内容を組織的に配列してい
>   くこと。
> 2.　教育内容の質の向上に向けて，子供たちの姿や地域の現状等に関する調査
>   や各種データ等に基づき，教育課程を編成し，実施し，評価して改善を図る
>   一連のPDCAサイクルを確立すること。
> 3.　教育内容と，教育活動に必要な人的・物的資源等を，地域等の外部の資源
>   も含めて活用しながら効果的に組み合わせること。

　これらを，先の田村（2011）のモデルに照らしてみよう。学習指導要領に
おけるカリキュラム・マネジメントは，モデルの要素のうち，「ア．学校の
教育目標」「イ．カリキュラムのPDCA」「ウ．組織構造」に焦点があてら
れているといえる。換言すれば，「カリキュラム面の基軸」が重視されてい
ると解釈しうる。学習指導要領に登場したカリキュラム・マネジメントの内
容が，教育学研究で蓄積してきたそれに比してやや狭いことは，意識しなけ
ればならないであろう。それをおさえつつ，学習指導要領で強調されている
部分を以下の節では掘り下げていく。

160

第12章　カリキュラム・マネジメントの意義

第3節　教科横断的な視点に基づく教育内容の組織化

　これまでにも，教育方法学では合科的な指導法の意義が説かれてきた（例えば，子安 2014）。また，カリキュラム研究においては，統合的なカリキュラム，すなわち教科・領域を越えて子供たちが学びを創出することの価値が確認されている（例えば，田中 2005）。しかしながら，それらは，実際の学校現場の実践には必ずしも浸透していなかった。新しい学習指導要領においてカリキュラム・マネジメントは，資質・能力という学力観のもと，上述したような学びをすべての学校，教室において実現する仕組みとして導入された。

　ただし，これにも，いくつかのアプローチが考えられる。まず，各教科・領域の指導において重視する資質・能力を設定し，それに応じた指導計画を策定すべきであろう。例えば，それは，情報教育のためのカリキュラム・マネジメントの営みに体現されている。それを標榜する学校では，資質・能力のうち，情報活用能力を重視し，それに応じた各教科の年間指導計画を作成している[1]。特に，ICT を探究に利用することに好適な単元・題材を抽出し，それにかける授業時数を多くするという整理作業に教師たちは従事している。

　次いで，ある教科等における学習経験を別の教科等で教材化するという指導が実現することが望まれる。**図 12.2** は，ある中学校第 3 学年の英語の学習の様子である。このユニットでは，子供たちは受動態を用いた表現につい

図 12.2　中学校第 3 学年英語科における他教科の学習経験の活用

第Ⅴ部　カリキュラム・マネジメント

て学んでいる。その題材は,「偉人」である。子供たちは,国語科で学習した文豪,社会科で接近した人物（例えば戦国大名）,美術科で鑑賞した作品を描いた画家等を材料にして,英語表現にたずさわっていた。他教科で学習済みの偉人が題材化されるため,子供たちはその対象によく通じており,表現できる内容を豊富に有している。それが,彼らの表現の工夫,その精錬を後押ししていた。

　さらに,ある時期に関連性のある教育内容を集中して指導するという,各教科・領域の単元・題材の配列の工夫も,カリキュラム・マネジメントの重要なアプローチである。それは,各教科の教科書に示される単元・題材の順序を変えて,あるいは地域の教育委員会が作成した教育計画におけるそれを変更して,指導にあたることを意味する。例えば,図12.3は,問題解決能力やICT活用能力等を教育目標の主柱に据える学校の子供たちの学びの姿である。彼らは,総合的な学習の時間において,この時期,職場体験学習で出逢った人々の様子,その特長を表現するデジタルレポートを作成し,それを語る（図12.3右）。同じ日,英語科においては,自身のキャリアについてどのような展望を抱いているかに関してスピーチする活動に取り組む。それらの重なりは,子供たちが,キャリアについて深く考える可能性を高めていた。

　教科横断的な取り組みが熟すると,複数の教科の指導が統合され,合科的な指導が繰り広げられる場合がある。例えば,ある中学校では,英語科と音

図12.3　中学校第2学年の英語科及び総合的な学習におけるキャリアに関する学び

第12章　カリキュラム・マネジメントの意義

図12.4　中学校第3学年の英語科及び音楽科の合科的指導

楽科の教師が協力して，子供たちがマルチメディア作品を制作する授業を実施していた（図12.4）。彼らは，「自分たちのクラスのよいところ」を英語で表現し，それにマッチした曲を選んでBGMとして組み合わせるという活動に従事していた。英語表現と音楽鑑賞が相互作用的に，また統合的に子供たちの中で進展していた。

第4節　教育課程編成におけるPDCAサイクル

「教科横断的な視点に基づく教育内容の組織化」の営みに，ゴールはない。それは，第1節で確認したように，子供の実態や後述する人的・物的資源の確保等によって，変わる。学校外の要因，すなわち家庭・地域住民の意向や教育課程行政の考え方に影響され，新しい可能性を拓いたり，修正を余儀なくされたりすることもあろう。教師たちには，教育課程を動的なものとして構想し，実践化し，改善し続ける発想と行為が不可欠だ。そして，その助けとなるものが，「子供たちの姿や地域の現状等に関する調査や各種データ等」である。

どのような調査や各種データがカリキュラム・マネジメントに有用であろうか。例えば，次のようなものが考えられよう。

第Ⅴ部　カリキュラム・マネジメント

① 全国学力・学習状況調査，教育委員会が実施する学力調査等
② 単元テスト
③ 子供たちのノートやワークシート
④ 授業評価アンケート
⑤ 授業実践に関するレポート
⑥ 授業改善や校内研修に関する教員アンケート
⑦ 学校評価のための保護者アンケート
⑧ 研究発表会等における第三者評価　など

　授業づくりに関する調査やデータとして，①は目立つ。確かに，これは，ていねいに作成され，大規模に実施されるという意味で，確かなデータではある。しかしながら，残念なことに，その結果の一部にすぎない，教科に関する調査の各教科の平均正答率，そのランキングだけが話題になるきらいがある。それを回避するために，教科に関する調査の結果を，領域や観点別に，また時系列的に分析すると，授業改善に向けた示唆が大きくなろう。さらに，生活習慣や学習環境に関する質問紙調査（児童生徒に対する調査，学校に対する調査）と連関させて分析すると，いっそうその可能性が高まろう。

　上記のリストの②や③は，授業の内容や方法と直接関連づけて検討できるデータだ。⑤以降は，質的な分析をほどこすべき調査やデータであるが，これもまた教師たちにとっては貴重なものであろう。

　なお，これらの調査や各種データは，その数値やテキストを眺めるだけではほとんど意味がない。それを次なるアクション，例えば授業改善，学習環境の整備，教育課程の再編成等を構想する営為に接続させてこそ，それらがカリキュラム・マネジメントを推進するための材料として，真に役立つ。これらの活動は，教師たちのカリキュラムに関する学びを要請する。すなわち校内研修の一翼を担うものとなる。活動の詳細を第6節にて詳述する。

第5節　人的・物的資源の活用

　これまでの教育課程の運用においても，人的・物的資源の活用は，積極的に試みられていた。ただし，それは，領域の指導におけるものが主柱であった。しかしながら，前述したように，資質・能力の育成を標榜するならば，教科指導においても，教科書以外の教材の確保，思考・表現・判断を支える学習ツール・環境の整備が欠かせない。その好事例を紹介しよう。

　図12.5は，ある中学校の第3学年の国語科の指導の場面である。子供たちは，句会を催している。それぞれの子供が指導者が示した規準に即して句を選んだ後に，彼らの前に，地域で句会を催している方が登場し，規準が十

図12.5　中学校第3学年国語の授業における地域住民の協力

分に運用されていない，要するに子供たちが好まなかった句にも特長があることを語ってくれた。それは，実に説得力があり，効果的な「ゆさぶり」として機能していた。

　教科指導における人材活用のもう一つのベクトルは，専門家の活用である。

図12.6　小学校第3学年理科における専門家の活躍

165

第Ⅴ部　カリキュラム・マネジメント

　例えば図12.6は，筆者がロンドンの小学校で見学した，第3学年の理科の授業の様子である。当該授業では，考古学に長けた「スペシャリスト」が招聘され，ワークショップを繰り広げていた。彼が持参した化石（の模造品）の種類はきわめて豊富であった。それゆえ，子供たちは，自身の興味に応じて対象を選択し，考古学者になったかのごとく，作業に没頭していた。

第6節　カリキュラム・マネジメントに資する校内研修

　カリキュラム・マネジメントの実践は，教師たちに教科横断的な視点に基づく新たな授業づくりを要請するという意味でも，それを学校として組織的にしかも持続的に推進させねばならないという条件からも，教師たちがもてる知恵を出し合わねば充実しない。すなわち，それに向けた教師たちの学び，とりわけ校内研修の工夫を伴うべきだ。ここでは，その内容や代表的な活動を紹介したい。

1.　単元計画や年間指導計画の工夫―重点単元の設定―

　まず，校内研修の内容についてである。カリキュラム・マネジメントに資する校内研修においては，旧来のものに比べて，教師たちが授業づくりをより広い範囲で語り合うことになろう。具体的には単元計画や年間指導計画の工夫について，教師たちは，アイデアを環流させることになろう。とりわけ新しい学習指導要領が求める「教科横断的な視点に基づく教育内容の組織化」を強化したり，発展させたりするためには，第3節で述べたように，複数の単元の内容を連結させたり，いくつかの教科の単元を統合的に扱うといったデザインが授業づくりに望まれる。そうした特徴を有する「重点単元」（木原 2011）を年間指導計画上にどう設定していくか，それにどれくらいの授業時数を費やすか等に関する検討が，校内研修の課題となろう。それは，ある授業における指導技術の多寡や適否について指摘し合う校内研修とは，その内容を異にしている。

166

第12章　カリキュラム・マネジメントの意義

2.　授業づくりに関する記録の可視化

　一般に，教師たちの校内研修における学びの主な舞台は，授業研究会である。研究授業を対象とするケースカンファレンスは，確かに，臨床の知を育むのに好適である。しかしながら，限られた時間では，実際に目にした教授学習活動についての意見交換に終わりがちだ。研究授業後の協議で，それを可能にした単元計画，年間指導計画の工夫にまで議論が及ぶことは希である。

　それゆえ，筆者は，教師たちに，校内研修のテーマに基づいてレポートを作成して読みあう活動，それをポスターに表して見あう活動を校内研修で実施することを推奨している。複数の実践の可視化，その関係性の考察は，カリキュラム・マネジメントに関する視座を教師たちに培ってくれるからだ。

3.　エビデンスの収集と活用

　第4節でもふれたが，カリキュラム・マネジメントの充実には，各種の調査の実施，それを通じたカリキュラム評価のためのデータの収集と活用という営みが欠かせない。これまでにも一部の学校では，そうした活動は校内研修の一翼を担うものであった（木原 2006）。また，筆者らの調査によれば，校内研修を継続・発展させている学校では，教師たちが，自校の取り組みの特長を説明するためのエビデンスを収集し，それを糧にして実践研究を飛躍させていた（木原ほか 2015）。換言すれば，彼らにとって，校内研修におけるエビデンスの収集と活用は，自らをエンパワーメントさせるための仕組みであった。

　そうした営みは，カリキュラム・マネジメントという見地からすれば，いっそう強調されて然るべきであろう。とりわけ，これが，各種リソースを必要とすることからすれば，それを豊かにしてくれる関係者，すなわち保護者や地域住民のカリキュラムに関する意向を教師たちは把握すべきだ。

　さらに，自校のカリキュラムの特長と改善点を考察するために，教師たちは，他校の教師たち等による，カリキュラムの第三者評価も試みるとよろしかろう。具体的には，異校種連携による授業研究会や研究発表会の開催等の機会を通じて，自校のカリキュラムや授業を第三者に公開し，専門家の立場

167

第Ⅴ部　カリキュラム・マネジメント

からそれらを批評してもらうという活動も，校内研修の活動としていっそう重視されよう。

［木原　俊行］

● **考えてみよう！**

▶ 田村（2011）のカリキュラムマネジメントのモデルの特徴を本章では3つ掲げた。その他にも特徴を見出してみよう。

▶ 読者は，教師として，「教科横断的な視点に基づく教育内容の組織化」を進めて，どのような実践を創造してみたいですか。

▶ 読者は，「資質・能力」の育成に向けて，自身の教科指導において，どのような人的・物的資源を確保・活用したいですか。

● **注**

1) 文部科学省による「次世代の教育情報化推進事業『情報教育の推進等に関する調査研究』」においては，情報活用能力という視点でカリキュラム・マネジメントを展開するためのモデルが提案され，その事例が報告されている。同事業のホームページ（http://www.mext.go.jp/component/a_menu/education/micro_detail/__icsFiles/afieldfile/2019/01/28/1400884_1.pdf（2019.9.10 最終閲覧））を参照されたい。

● **引用・参考文献**

木原俊行（2006）『教師が磨き合う「学校研究」』ぎょうせい

木原俊行（2009）「カリキュラム開発におけるリーダーシップグループの役割モデル」『学校を基盤とするカリキュラム開発におけるリーダーシップグループの役割のモデル化』（平成18〜20年度科学研究費補助金基盤研究（C）研究成果報告書，研究代表者：木原俊行，課題番号：18500720），pp.69-72

木原俊行（2011）『シリーズ・21世紀型学力を育てる学びの創造2　活用型学力を育てる授業づくり』ミネルヴァ書房

木原俊行・島田希・寺嶋浩介（2015）「学校における実践研究の発展要因の構造に関するモデルの開発―『専門的な学習共同体』の発展に関する知見を参照して―」『日本教育工学会論文誌』第39巻：167-179

子安潤（2014）「教科・領域を横断する教育実践と教育方法」日本教育方法学会編

『教育方法学研究ハンドブック』学文社，pp.304-309

田中耕治（2005）「教育課程の思想と構造」田中耕治・水原克敏・三石初雄・西岡加名恵『新しい時代の教育課程』有斐閣アルマ，pp.131-157

田村知子（2011）「カリキュラムマネジメントのエッセンス」田村知子編著『実践・カリキュラムマネジメント』ぎょうせい，pp.2-11

文部科学省（2017）「新しい学習指導要領の考え方 —中央教育審議会における議論から改訂そして実施へ—」（平成29年度小・中学校新教育課程説明会（中央説明会）における文科省説明資料），http://www.mext.go.jp/a_menu/shotou/new-cs/__icsFiles/afieldfile/2017/09/28/1396716_1.pdf（2019.4.6 最終閲覧）

第Ⅴ部　カリキュラム・マネジメント

第13章

カリキュラムの評価

● 本章のねらい ●

　ここでは，先の章のカリキュラム・マネジメントによる絶えざる授業改善，学校改善と密接な関わりをもつ，カリキュラムの評価について理解を深めていく。まずカリキュラム評価とは何かについてその言葉が意味するルーツから考える。次に，なぜカリキュラム評価を考える必要があるのか，教育課程評価とどのように異なるのか，カリキュラム評価が何を目指すのかと関わって，その理解を深める。そしてカリキュラム評価を実際に進めていくために，何が重要か，どのように進めたらいいのか，カリキュラム評価の方法について考えていく。最後に，カリキュラム評価を遂行していく際に，注意しなくてはならないこと，その留意点について理解を深めていく。

第1節　カリキュラム評価とは

　カリキュラム評価（Curriculum evaluation）は，D.ハミルトン（Hamilton 1976：4-5）によれば，ある時間帯（ある学年，ある学校種など）に行われる分野・領域などのカリキュラムの実践を，教育的に選択する際に，相対的に有益である（メリットがある）と推し量られる諸過程に対して，その価値付けが行われることを意味している。カリキュラム評価は，可変的な現象の一つであり，カリキュラムの定義によってその評価目的も変わるものである。カリキュラ

170

第13章 カリキュラムの評価

ム評価の重要な特徴は，それがダイナミックな研究フィールドであるということである。さらにいえば，カリキュラム評価は，単に一つの社会的な過程（教育的な関わりの過程）ではなく，社会的な慣習・制度（学校制度，社会制度）に言及することに相当する，といわれている。また「学習活動として開発された一連の内容と配列を有するもの・ことを対象とし，その利点，価値，意義を決定する手続き」といわれている（根津 2009：31）。このようにいわれていることは，何を意味しているのか。私たちは先人の言葉等を手がかりに，カリキュラム評価が意味すること，それがもちうる意義の理解を深めていく必要がある。そのため，まずこの言葉そのもののルーツから意味を紐解いていく。カリキュラム評価は，「カリキュラム」と「評価」の合成語と考えられる。よってその言葉についてまず理解を深めていきたい。

1. カリキュラムという言葉が意味していること

「カリキュラム」の語源は，Currere (Latin 語) であり，コースを走る，コースの管理・運営の意味が語源といわれている。少しそのルーツを探ると以下のように，カリキュラムという言葉に込められた意味やその特性が見えてくる。最初に curriculum (英語) という言葉を使ったのは，J. カルヴィン (John Calvin) といわれている。彼は，Commentaries (1540-65) の中で "life as a race" or "race course" の意味で使った。またその後，彼は，institutes (1559) の中で，"curriculum (英語) を vitae curriculum" "curriculum vitae" の意味で用いていたといわれている。一方，curriculum (英語) という言葉が，教育の文脈で用いられたのは，P. ラウム (Peter Raum) が 1576 年頃，"map of knowledge" の意味で用いたのが最初といわれている。その後，オランダのライデン大学 (1582) とスコットランドのグラスゴー大学 (1633) の記録に curriculum (英語) という言葉が見られ，わずかだがその言葉が確かに使われていた記録がある。辞書の中では，1633 年に，Oxford English Dictionary で最初に curriculum (英語) という言葉が意味づけられ，"course" と "career" の意味をもつモノとして説明されている (Wys, Hayward and Pandya 2016：2-3, 30-31)。

このように，その意味の由来からすれば，カリキュラムは，何かの足跡，

171

第V部　カリキュラム・マネジメント

歩んだ経過，履歴書という意味と，一方で設定されたコースという意味をもつモノと考えられる。つまり計画されたものだけを意味するのではなく，その計画は運用された結果を示すものであり，学びの履歴を示すものである。そして，振り返ることができる足跡であり，築かれた文化的なモノ（文化・慣習として引き継がれていくもの，学校という制度の中で培われてくる隠れたカリキュラムなどもここから来ると思われる）という意味ももつと考えられる。その意味からすれば，社会状況の変化などによって引き継がれるモノ，変わるモノ，改善されていくモノ（改善された足跡）が入り交じったモノという意味も出てくると考えられる。

2. 評価という言葉が意味していること

　一方「評価」という言葉はより複雑である。評価という言葉は，通常エヴァリュエーション（Evaluation：英語）に当てられる日本語訳であるが，もう一つ，アセスメント（Assessment：英語）という言葉に対しても評価と訳されることがあるからである。Evaluation の語源は，ラテン語 "valere" に由来している。"valere" は value「価値」や strong「強い」ことを意味し，そこから転じて evaluation は「評価」を意味することになり，良し悪しといった「価値」を定める意味に引き継がれている。次に Assessment の語源は，ラテン語の "assessus" 臨席する（sitting by）から来ており，税金を定める "assessare" 際に査定者として判断時に臨席することに由来する。経済，特に税と関わって，判断する行為と関わって用いられた言葉である（Wyse, Hayward and Pandya, 2016：2-3）。後に触れるが，説明責任（accountability）という言葉と密接に関わって用いられ，評価判断するための評価情報を集めることと関わっている。

　このようにエヴァリュエーションは，集められた評価情報がねらいに対してどのような意味をもつのか，その価値付け意味づけを行うこと，つまり価値判断を行うプロセスを意味している。アセスメントといわれるのは，一般に，評価情報の収集とそれに基づく改善の行動に寄与することを意味している。評価活動は，このアセスメントとエヴァリュエーションの組み合わせの

中で行われていくことをおさえておく必要がある。

3. カリキュラム評価という言葉が意味していること

　以上のことからすると，「カリキュラム」と「評価」の合成語である「カリキュラム評価」という言葉は，学習者が，履修した学習成果に及ぼす影響を調査し，必要に応じて運用しているカリキュラムの改訂を判断し，教室での授業過程や学習過程を見直すことを目的としていると考えられる（図13.1の④の部分）。しかしよく考えてみると，カリキュラムの評価は，学校の全体計画の評価であるとともに，一方でそれを構成している指導計画を評価していくことでもある。その計画を築いていくためには，実際にカリキュラムを構築していくことと相互関係にある授業実践の検討が必要になる。その結果に基づきカリキュラムの素案が練られたり，開発されたカリキュラムに基づく実践が行われたりしていく（図13.1の⑤の部分）。そのため，カリキュラム評価は，それぞれの目的をもつ教育システム内のさまざまな部署によって実施される活動およびプロセスを評価していくことも含むことになる。つまりカリキュラム評価は，自己評価や他者評価等評価者は複数いるにしても，カリキュラムに基づいて，既存の授業方法，および教科書および教材の有効性を検討することも含むことになる（図13.1の⑥の部分）。このようなことが，校内で行われることもあるし，カリキュラムの特別委員会やタスクフォースによって定期的に行われることもある。そしてこのようなカリキュラム評価の結果に基づき，カリキュラムのさまざまな側面（カリキュラムに影響を及ぼすさまざまな

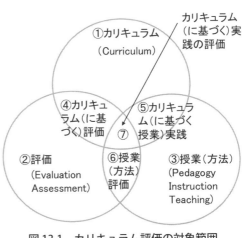

図13.1　カリキュラム評価の対象範囲

第Ⅴ部　カリキュラム・マネジメント

側面である社会的ニーズ，慣習，文化等の側面も含む）とその実施の状態と有効性から新たなカリキュラムの開発に関する研究も行われていく（**図13.1**の⑦の部分）。

　また，よく聞かれることとして，子供たちの学習成果にカリキュラムが寄与しているかどうかということがある。その場合，カリキュラム評価は，カリキュラムが，学習者の学習の質の向上を促進するのにどれくらい効果的であるかを明らかにすることも求められる。そうであるなら，カリキュラム評価は，取組みの評価だけでなく，学習者の学習活動自体の評価（学習成果の評価）と密接に関わっているといえる。すなわち，**図13.1**の⑦は，教育課程編成（内容），授業方法，それらの遂行と関わる環境などの取組みの評価だけでなく，学習者の学習成果を直接見ていくことの両方を，その評価項目としてみていくことを意味している。取組みの評価と関わって，教員がカリキュラム自体やそこで行われている授業自体を見る評価もあれば，学習者自身が授業の評価，あるいはカリキュラムの評価をすることもある。この学習者による授業の評価は，カリキュラムの内容の適切性を見ていくうえで重要なフィードバック情報となる。学習者の学習成果を教員が見る評価の場合，標準化されたテスト，パフォーマンスベースのテスト，能力テスト，適性テストほか，さまざまなニーズに対応するさまざまなタイプのテストが用いられている。学習者による授業の評価の場合などは，アンケートやインタビューほか，学者の声を拾う評価等が行われている。診断，認証，説明責任の多様な目的を達成するには，特定の目的を達成するために選択されたさまざまな種類の評価手段を用いることが必要となる。

　以上のことから，カリキュラム評価は，「カリキュラム」と「評価」の合成語であるが，そこで求められている，あるいは，実際に行っていることは，**図13.1**の④だけでなく，「カリキュラム」「評価」「授業（方法）」の3つが重なる**図13.1**の⑦を意味していると考えられる。先のハミルトンと根津の定義においてもカリキュラムの実践を，教育的に選択し遂行する際の一連の活動のプロセスを評価する手続きを意味していた。その意味からしても，3つの重なりと捉えた方が理解しやすいと考えられる。ただしハミルトンの指摘

第13章 カリキュラムの評価

するカリキュラム評価は,その目的に左右されるという指摘があった。この点は,最後に触れたい。

第2節 なぜカリキュラム評価を行う必要があるのか

　小学校以降では,教育課程の基準である学習指導要領がその役割を果たしており,各学校が全体的な計画を立てるうえで,ミニマムスタンダード(必要最低限の基準)を明らかにする役割を果たしている。各学校は,学習指導要領を参照しながら,その立地や規模,地域特性,教育文化,教育理念等に基づき,各学校の教育目的を明確にし,教育課程を編成している。各教員,教育集団は,この教育課程に基づき,時間割や行事計画を確認し,指導計画(年間計画であるシラバス,単元計画,本時の計画ほか)を作成し,学校全体と各個人が責任をもつ部分を明確にしている。そして,教育課程を運用していく中で,実践上改善すべき点を見極め,その取組の改善を行っていく,教育課程の運用を図っている(図13.2)。

　このように教育課程という言葉が学校でよく用いられている中で,なぜカリキュラムという言葉を用いて,教育課程評価ではなく,カリキュラム評価を行っていく必要があるのか。これを考えるには,先にも述べたが,カリキュラムがもつ意味から,教育課程とカリキュラムの関係を捉えておくとその意味がわかってくる。

　田中統治(2009：3)によれば,「教育計画

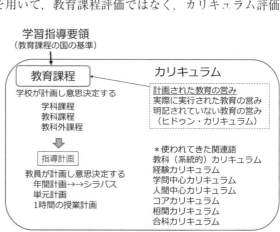

図13.2　教育課程とカリキュラムと学習指導要領の関係

第Ⅴ部　カリキュラム・マネジメント

としての教育課程は行政の用語であって，具体的には教育委員会に提出する年間指導計画などの文章を意味する。カリキュラムの概念は行政用語の持つ制約を克服しようと試みる」ものであるという。そして教育行政の枠組みによって理解されてきた教育課程の管理と経営が問題点を抱えてきたことを指摘している。例えば，1) 教育課程の内容を，学校を取り巻く外部環境との関係において捉える視点の乏しさ，2) 子どもたちが実際に学んでいる内容に対して，教員が無感覚になる，3) 教師たちの間で教育課程編成への無関心や無気力が広がってしまう，こと，などである。

　このたび学習指導要領の改訂においては，「社会に開かれた教育課程」「主体的・対話的で深い学びの実現（「アクティブ・ラーニング」の視点からの授業改善）」「カリキュラム・マネジメント」という言葉が前面に出されている。教育課程という言葉と並置されて使われてはいるが，「カリキュラム・マネジメント」という言葉が前面に出されてきているのは，先に田中が指摘する「教育課程」という言葉に対するこれまでのイメージを教員や学校が乗り越えていくことと何らか関わっているとも考えられる。

　また田中（2009：3-5）によれば，教育課程経営は，学習内容に着目し，PDCA（計画―実行―評価―改善）を強調してきたが，カリキュラム・マネジメントは，子供の学習経験の現状をより深く観察することから始め，CAPD（評価―改善―計画―実行）を通じて，教育課程の実質性により目を向けようとする。教員や学校が，教育課程を実施していて，どこに問題があるかよく点検し，改善に向けて，学校内だけでなく学校外の関係者からの協力も得ながら，試行錯誤を積み重ねていくことを大切にするという。

　これは前節で考えてきたカリキュラムという言葉それ自体がもつ意味に起因していると思われる。教育課程が担ってきた意味や意義を認めつつも，教育課程を実質化していくために，カリキュラムという発想に立つことが重要である。

　以上のような理由から，教育課程をカリキュラムとして機能させていくために，その運営（マネジメント）にとって，「カリキュラム評価」は不可欠であるといえるのである。

第13章　カリキュラムの評価

第3節　どのようにカリキュラム評価を行うのか

　では，カリキュラムの評価をどのように進めていったらいいのだろうか。

　カリキュラムの評価は，前節で見てきたように，子供の学習経験の現状の深い観察，教育課程の実質性により目を向けていた。その実質性を見極めていくためには，カリキュラムがもつ「メリット」と「価値」の両方に目を向けていくことが重要となる (Guba and Lincoln 1981)。「メリット」は，暗黙で，文脈に依存することなく，そのカリキュラムがもつ意義や意味を指し，「価値」は，特定の文脈または特定の活用を行うときに明らかになってくる意義や意味を指す。例えば，英語のコース向けのカリキュラムは，英語教育の理論を反映し，現在の研究に基づいて作られ，専門家が望ましいと考える文脈を具体化したものであるため，その専門家の目に大きなメリットがあるように見えるかもしれない。しかし，同じコースであっても，その学校の立地や文化，そこで学ぶ学習者の状況によって，そのカリキュラムがうまく機能する場合と，全く機能しない場合がある，その意味で，ある学校の学習者にとって，そのカリキュラムは価値があるかどうかを，子供の学習経験の丁寧な観察を通して，評価していく必要があるのである。

　次に，評価を行う際，何をいつどこでどのように評価するのか，その計画も必要となることを忘れてはならない。評価に関する見通しがない中で評価活動をしていくと，評価そのものが教育的行為や計画された行為の改善に効果的に機能しないからである。評価計画と関わって，第1節でも少し触れたが，「学習（の成果）の評価」とその成果を導いた取組みの意味を見ていくための「取組みの評価」の2つを押さえる必要がある。計画と関わって，その下になる願いや子供の姿を明確にしていくことは周知の通りであるが，その姿にどのくらい子供たちは近づいているのか，それを判断していく「学習（の成果）の評価」と，その姿を根拠に，日々の取組みや単元レベルの取組み，年間，全体の取組みが機能しているのかを判断していく「取組みの評価」の2つである。

177

第Ⅴ部　カリキュラム・マネジメント

　ここでいう取組みの評価は，学習のための評価（Assessment for Learning）を意味している。似た言葉として，学習の評価（Assessment of Learning）があるが，学習の評価は，目的とされたゴールに対して学習がどのように達成されたかに目を向け，学習の結果を評価することに関心を向ける。学習の評価は，カリキュラム評価にとって，カリキュラムがどのように機能しているか見るうえで，その評価情報を集めるうえで必要なことである。しかし，それだけで終わっては，改善行動につながっていかない。そのため，カリキュラム評価では，学習のための評価を大切にしていく。学習（の成果）の評価は，子供の願いの姿を段階的に示したルーブリック（rubric：理想の姿から課題のある姿まで段階的にその推移を示したもの）等を用いながら，観察を通じて評価情報を収集し（個々の子供の作品や行動記録などをポートフォリオ（portfolio）という形で個人ファイルに残していく取組みもある），見取りを通じてその姿を判断し，個々の子供たちの学習状況を定量的だけでなく，定性的により深く理解し，各個人への指導，またクラス全体への指導に有益となる視点も見いだそうとする。一方で取組みの評価は，授業時間，単元レベル，学期単位，通年のどの時点でそれを振り返るか，どのような内容や取組みの後でそれを振り返るか（各教科，教科横断的な取組み，教育課程レベル）などの計画を立て，子供たちの成長に対して取組みがどのように機能しているかを評価する見通しを立てることを意味している。学習の評価（Assessment of Learning）と学習のための評価（Assessment for Learning）とを通じて，その指導の手立てを考えていくのである。

　またカリキュラム評価を進めていく際，どの時点で評価を行うかについての評価計画も重要となる。形成的評価（formative assessment；取組みの途中での評価）や総括的評価（summative assessment 取組みを終えた後の評価）といわれているものは，この取組みの評価や評価計画と関わる専門用語であることも理解しておくとよい。また各取組みの場面でどのようなことが生じ，そこから何が学べるかなど授業研究を通じて，その取組みを教員間で振り返る試み，省察活動もこれに相当する。評価計画を立てて取り組むことは大切だが，実践が評価項目に引きずられ，その姿にのみ目が向くことがある。しかしなが

178

第13章　カリキュラムの評価

らさまざまな場面の中で，当初予定していない子供の姿も垣間見られ，そこから子供の姿の評価や実践の改善点も見いだせることもある。授業研究などの取組みはそのようなボトムアップで評価をしていく視点を私たちに与えてくれる。教育課程という学校が責任をもつ全体計画や各教科，単元，授業といった教員が責任をもつ評価計画によって実践を絶えず改善していく取組みと，刻々の場面，場面認識を通じて，子供の姿や実践の改善の視点を読み解いていこうとすることの，両面から評価をしていくことが重要である。

第4節　カリキュラム評価を運用していく際の留意点

　最後に，カリキュラム評価を通じた学校改善，授業改善に関して，留意しておくことがある。D. シャーレイ（Shirley 2017）は，ここ十数年のアメリカの教育改革の取組みを俯瞰し，目まぐるしく変わる教育政策が教育実践に対して強く影響力を行使してくる一方で，実践の場である学校は消耗しきっていることを指摘している。シャーレイがこのような主張を展開する背景には，教育が，市場経済の考え方に圧され，社会に対するその責任（説明責任，結果責任）を求められる中で，機会の平等，個に応じた教育のスローガンのもとに，問題となる状況に盲目となってしまい，知的な労働者へ児童生徒を早期に準備してしまおうとすること，その行いに無頓着になってしまっていることへの警鐘がある。アカウンタビリティ（Accountability：説明責任）という言葉は，周知のように，もともと企業会計などでよく使われていた言葉である。2000年代後半から2010年代に入ると，よりパフォーマンスベースの取組みやエビデンスベースによる取組みと関わってアカウンタビリティについて言及する傾向が見られた。教えることや教師教育においては，アウトカムベースの教育の説明責任がもとめられ，そのためには，新しいスタンダードが必要であるとされたこと。そして教えられたことがどのように学習者に理解されたかその評価（Input measure）をするだけでなく，それによってその学習者は何ができるようになったのか（Output measure）を評価することへ関心

第Ⅴ部　カリキュラム・マネジメント

が向けられてきたことがあげられる。アカウンタビリティの責務をしっかり果たしていくべきという論議，その具体的な果たし方，事例紹介や方法，事例などが紹介される一方で，それがもたらす悪影響，その用い方の問題性などを指摘する論議も多く見られた。

　M. コクラン－スミス（Cochran-Smith et al. 2018）によれば，教師教育における "Accountability" は，決して単純に否定されるものではなく，また多くのステークホルダーが関わる必要性をただ述べて終わるのでなく，むしろ市場の論理や個人主義的な見方・考え方，現時点での成功者による個人の経験や関心から思い込みで取組みを進めようとすることから教師教育を救うものであること。民主的な取組みへ再生していくことに機能していくことへ目を向けることが重要であると述べている。そして強い民主主義（strong democracy）と強い平等性（strong equity）を論点に，アカウンタビリティを民主的なアカウンタビリティとして位置づけていくことの重要性を指摘している。個人の関心を守り，市場の自由を保とうとするためにアカウンタビリティを用いるというよりも，市民の参加，共通の幸せを求め，不平等をなくすシステムづくりへ積極的に挑戦していく。そのためにアカウンタビリティとして位置づけていくことを述べている。

　カリキュラム評価は，その目的によって左右されることは第1節で述べた。私たちは何に向けてカリキュラム評価を行っていくか，その目を磨いていくことが重要となる。

　以上，本章では，カリキュラムの評価について理解を深めていくために，カリキュラム評価とは何か，なぜカリキュラム評価を考える必要があるのか，教育課程評価とどのように異なるのか，カリキュラム評価が何を目指すかと関わって，その理解を深めてきた。そしてカリキュラム評価を実際に進めていくにはどのようにしたらいいのか，カリキュラム評価の方法の基本について考えてきた。最後に，カリキュラム評価を遂行していく際に，注意しなくてはならないこと，その留意点について理解を深めてきた。これらの考察を通じて，学習指導要領が意図することを十分理解しながら，学校の実情，子供の学習経験の理解を十分にクロスさせ，子供，教員，学校，地域社会等に

第13章　カリキュラムの評価

とって意味ある，意義ある教育実践をカリキュラム評価の考え方を通じて作り出していって欲しい。

[小柳和喜雄]

● **考えてみよう！**

▶ カリキュラム評価は，教育課程評価とはどのように異なるのか。
▶ カリキュラム評価を進めていくためどのような計画が必要か。
▶ 学習の評価と学習のための評価の違いをおさえる意味はどこにあるか。
▶ カリキュラム評価が目的に左右されるということはどういうことか。

● **引用・参考文献**

田中統治（2009）「カリキュラム評価の必要性と意義」田中統治・根津朋実編著『カリキュラム評価入門』勁草書房

根津朋実（2009）「カリキュラム評価の理論と方法」田中統治・根津朋実編著『カリキュラム評価入門』勁草書房

Atherton, C.（2018）*Assessment（Evidence-based Teaching for Enquiring Teachers）*. Critical Pub.

Cochran-Smith, M., Carney, M.C., Keefe, E.S., Burton, D., Chang,W-C., Fernandez, M.B., Miller, A.F., Sanchez, J.G., Baker, M.（2018）*Reclaiming Accountability in Teacher Education*. New York: Teachers College Press.

Guba, E. and Lincoln, Y.（1981）*Effective evaluation*. San Francisco: Jossey-Bass.

Hamilton, D.（1976）*Curriculum Evaluation*. Open Books Publishing.

Shirley, D.（2017）*The New Imperatives of Educational Change: Achievement with Intergrity*. New York: Routledge.

Wyse, D., Hayward, L. and Pandya, J.（eds.）（2016）*The SAGE Handbook of Curriculum, Pedagogy and Assessment*. London: SAGE Publications.

181

第Ⅵ部

指導計画や
学習指導案作成の実際

第Ⅵ部　指導計画や学習指導案作成の実際

第14章

教育課程や指導計画の策定

●　本章のねらい　●

　教育課程や指導計画は，単元・学期・学年をまたいだ長期的な視野から，また児童および生徒や学校・地域の実態をふまえて検討することが重要である。本章では，それらを具体的にイメージしながら理解することを目的とする。

第1節　「教育課程」と具体的な「指導計画」の関係

　これまで学んできたように，教育課程は「学校教育の目的や目標を達成するために，教育の内容を児童・生徒の心身の発達に応じ，授業時数との関連において総合的に組織した各学校の教育計画」である。一方で，学習指導要領においては，教育課程のほかに，「指導計画」という言葉も出てくる。どちらも計画ではあるが，何が違うのだろうか。教育課程も，教育の計画である以上，指導計画ともいえるし，指導計画も，広い意味では教育課程といえる。学習指導要領でどのように使い分けられているかをさぐってみると，教育課程は，「教育内容（指導内容）の選択・配列・時間配当による全体的・総合的な組織体系としての計画」の意味で用いられている。それに対して，指導計画は，教育課程を分割的に見て，何をどのように指導するかという「より細かく具体的な計画」の意味で用いられている。

184

第14章　教育課程や指導計画の策定

学校全体の教育課程→各教科等の年間指導計画→各題材・単元の指導計画
→毎時間の指導計画（学習指導案でいえば，「本時」）という順序で，計画はよ
り具体的で緻密なものになっていく。さらには，児童生徒は一人ひとり実態
が違うのだから，個々の児童生徒の指導計画を立てることもある。特別支援
学校などでは，特に個々の実態に違いがあるため，個別の指導計画が作られ
ている。

このように，教育課程の編成や指導計画の立案には，巨視的（マクロ）な
見方と微視的（ミクロ）な見方の両方が必要となる。

第2節　児童生徒，学校，地域の実態をふまえるということ

教育現場において，「実態をふまえる」という表現は非常によく用いられる。
当然，それが重要なことであると誰もが認識しているためなのだが，教育課
程の編成や指導計画の立案において，「実態をふまえる」とはどういうこと
を指すのだろうか。本節では，「児童生徒の実態」「地域の実態」「学校の実
態」の3つの面から考えてみよう。

1. 児童生徒の実態をふまえる

児童生徒は，一人ひとりが違う実態をもっている。どんなものに興味や関
心があるのか，どのような能力や特技があり，学力はどのような状態なのか，
どのような気質なのか，配慮すべき身体的な特徴はないか，家庭状況はどう
であるか，等々である。それは個人情報として守秘されなければならないが，
「その子」を育てるための効果的な指導計画を作るためには，必要な情報で
ある。しかし，教育課程が総体的な教育内容の組織体系としての計画だとし
たならば，現実的にそれを編成するためには「集団の傾向としての実態」が
ふまえられなければならない。児童生徒集団の実態に合わせて考えなければ，
効果的に作用する計画にならないからである。そもそも，教育課程編成は学
校教育目標達成のためになされるものだが，全体の傾向としての児童生徒集

185

第Ⅵ部　指導計画や学習指導案作成の実際

団の実態を把握していなければ，教育目標自体を適切に定めることもできない。児童生徒集団の実態をふまえたときに，高すぎて到達できない目標でも，低すぎる目標でも，彼らは成長できないからである。それぞれの学校，それぞれの学級の児童生徒集団は，個々の実態やその関係性等が複雑に絡み合い，特有の雰囲気や集団能力の実態をつくりだす。それをふまえた目標設定や教育課程編成，指導計画立案が求められるのである。

2. 地域の実態をふまえる

　「地域の実態」は大きく，自然環境にかかわる実態と，人的・人為的な環境にかかわる実態とがある。地域の自然環境にかかわる実態を考えるために，北海道にある学校と，沖縄県にある学校を想像してみよう。両者は自然環境の影響で，夏季休業・冬季休業の期間も異なる。そのため，時期による授業時数の配当は異なる。北海道の学校ですばらしい教育課程編成の例があったとしても，それを沖縄県の学校でそのまま適用することはできない。北海道では図画工作科で雪を教材化でき，沖縄県では北海道の児童生徒が見たことのないさとうきびを間近で見ながら社会科の学習を関連付けることができる。雪が多い地域，暑い地域，高地，低地，海沿い，山間地など，さまざまな自然環境によって，配慮すべき気候や教材化の強みも異なってくる。それらをふまえて効果的な教育課程や指導計画を考えていくことが必要となる。

　次に，地域の人的・人為的な環境である。例えば，地域住民にはどのような風習があるか，地域の子供たちにどのような願いをもっているか，そのような地域の人々の実態をふまえた教育課程や指導計画であることで，保護者はもちろん，地域の人々も学校の教育活動に協力的になるとともに，地域に根差した教育が可能となる。また，教育資源として，どのような建物や名産物があるのか，教育内容に照らして，ゲストティーチャー等を依頼できるような人材がどのくらいいるのか，地域にどのような歴史があるのか，どのような産業が栄えているのか等により，教育課程や指導計画が特色を帯びてくることになる。

3. 学校の実態をふまえる

　学校の実態は，ここまでの児童生徒の実態，地域の実態に加え，教職員の実態，学校規模の実態，設備の実態等がある。

　教職員の実態は，それぞれの専門分野・得意分野などが考えられる。例えば小学校であれば，それを生かして専科教員を配置したり，同学年の一部の教科で交換授業を行ったりするなどの指導計画が立てられる。

　また，学校の規模も教育課程や指導計画に大きく影響する。1学年で複数の学級がある学校では，効果的に教育活動ができるように，特別教室の使用等を考慮した指導計画立案が必要となる。また，小規模校では，複式学級として，第1学年と第2学年が合同で一つの学級を編成するなどのことがある。この場合，どの教科・単元・授業を分割で行い，あるいは合同で行うかなどを，教育効果が上がるように考慮して教育課程や指導計画を策定しなければならない。

　さらに，学校設備の実態もふまえねばならない。校舎や校庭の構造，設備により，子供の学習活動をさまざまに工夫することができる。プールがある学校もあれば，ない学校もある。ない学校は，校外学習として数時間まとめて水泳学習を行う計画を立てる。昨今であれば，ICT設備がどのくらい学校に普及しているかにより，指導計画も変化してくるだろう。

　ここまで，児童生徒の実態，地域の実態，学校の実態をふまえた教育課程の編成や指導計画の立案が必要であることを学んできたが，これらはすべてが密接に関係している。児童生徒の実態は，地域の実態の影響を当然うけている。学校の実態は，地域の願いや行政から影響をうけている。

　いずれにしても，公立学校は教育の機会均等を保障するものであるが，それは全国どこでも同じことを行うということではない。保障すべき資質・能力の育成を，これらの実態に合わせた形で，また生かした形で提供するということである。そのための計画が教育課程であり，具体的な指導計画なのである。

第Ⅵ部　指導計画や学習指導案作成の実際

第3節　計画立案におけるマクロな視点とミクロな視点

　児童・生徒は，一人ひとり実態が違い，しかし集団としての傾向的な実態をもつ。また，教育は，その時間，その単元で達成すべき目標もあれば，1年間，小学校であれば6年間で達成すべき目標もある。このように，マクロな視点で見たり，ミクロな視点で見たりして計画を立て，実践を積み上げることが，効果的な教育を生み，また，効果があったのかを評価しやすくする。本節では，そのようなマクロな計画とミクロな計画を具体的に考えてみよう。

1. 時間軸としてのマクロな視点とミクロな視点

　例えば，小学校における第3学年国語科の1年間の指導計画を，「年間指導計画」という。それらが第1学年から第6学年までセットになれば，6年間の指導計画になるわけだが，当然それらは，学習指導要領の「第2章　第1節　国語」に示されている各学年の目標及び内容を踏まえて計画される。

　児童生徒の実態をふまえつつ，第6学年で「最終的に国語科の学びを通して何ができるようにならなければならないのか」というゴール像が明確になっていなければ，それぞれの学年で「どこまでできるようになっておくべきなのか」も明確にはならない。この指針となるのが学習指導要領ともいえる。

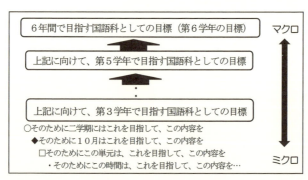

図14.1　指導計画のマクロな視点とミクロな視点の関係（小学校第3学年国語科を例に）

それをふまえると，6学年それぞれの「ゴール像」が明確になる。

すると，例えば第3学年のゴール像に向けて，各学期でどこまで，各月でどこまで，各単元でどこまで，各時間でどこまで，とミクロに計画ができる。マクロな見通しなしに，その時間だけのミクロ目標や計画だけを見る視点では，効果的な「つなぎ」ができず教育効果は上がらない。「木を見て森を見ず」ではよい計画はできない。一方で，マクロな視点ばかりで，今，この時間を達成できなければ，積み上げができない。「千里の道も一歩から」である。

2. 教育内容軸としてのマクロな視点とミクロな視点

時間軸で見ると，図14.1のようになるが，例えば国語科の中には，「話すこと・聞くこと」「書くこと」「読むこと」などの内容領域がある。さらに，目標が関連する他教科等や，内容が関連する他教科等も存在する。そのような内容軸でも，関連を考えるマクロな視点と，その内容のその時間だからこそというミクロな視点での計画が必要である。これは，前章の「教科・領域の横断と教育内容」にも深くかかわることである。

一方で，経験主義的な立場としては，さまざまなことを教師が定めた目標から逆算したり，すべてを計画的に関連させたりするのではなく，児童生徒の主体性を考えるならば，児童生徒の問題意識に寄り添う中で計画が柔軟に

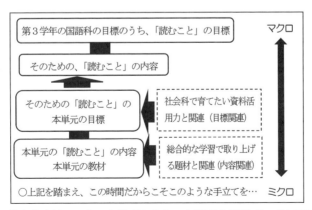

図14.2 教育内容軸のマクロな視点とミクロな視点の関係（第3学年国語科を例に）

第Ⅵ部　指導計画や学習指導案作成の実際

構築されていくべきだという考え方もある。これは，どちらが正しいということではなく，第10章でも述べた教育観の違いによるところが大きい。しかし，現在の文部科学省が示す学習指導要領に則るとともに，時数の制限の中で目標を達成することが満たされなければならないのであれば，目指すゴールに向かって効果的な教育課程の編成を行い，指導計画を立案しなければ，実現は難しいと言わざるを得ない。その範囲内で児童生徒が興味・関心をもって学びに向かえるような工夫を考えていく努力をしていくしかない。この教育観の違いによるそれぞれの編成のあり方や効果については，その折衷も含め，今後も教育学の実践的研究課題の一つとなるだろう。

3. 教育対象である児童生徒のマクロな視点とミクロな視点

　学校全体の児童生徒を対象として総合的・組織体系的に計画したものが教育課程だとしたら，各学年→各学級→一人ひとりの児童生徒と具体的になっていくものが指導計画であることは先に言及した。これは，図14.3のような関係になるということである。

　児童は，各学年によって実態が違うだけでなく，同じ学年でも学級によって実態が違う。よって，最終的には，各学級の子供の実態を捉えて，学級担任や教科担任が授業の計画を立てることになる。現実問題として，毎時間，学習指導案を作成するなどということは不可能である。しかし，それは紙面

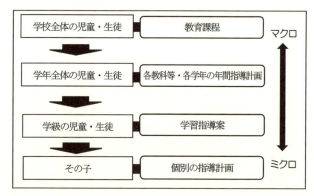

図14.3　児童・生徒軸のマクロな視点とミクロな視点の関係

第14章　教育課程や指導計画の策定

として細密な案を作成しないということであって，無計画で授業を行うということではない。その単元やその時間の目標は何か，そのためにどのような手立てをとるかということを構想している点では，教師は毎日，毎時間指導計画を立てているし，立てなければならない。

第4節　「実態」と「系統」をふまえた指導計画の実際

　では，前節のようなマクロやミクロの視点で「実態」と教育内容の「系統」を踏まえた指導計画の実際を見てみよう。ここでは，それらが凝縮して表現されるものとして，学習指導案を挙げる。学習指導案は，学級における教科等の単元および1時間の指導計画である。教育課程の一部を詳細に示した指導計画といえる。以下は，筆者が第5学年の算数科を例に作成したものである。

第5学年1組　算数科学習指導案

1　単元　小数でわるわり算

2　指導観
○　本学級の児童は，小数÷整数の学習後，「小数÷小数とかの計算もあるんですよね。」「いつやるのかな。」と話すなど，除数が小数の除法もあることを感覚的にとらえており，それを学習するのではないかということに関心を示している児童が多い。同時に，「『1.8でわる』とかがもしあったら，それってどういうことなの。」と話すなど，除数が小数である除法の意味について問いを抱いている様子の子どもも見られる。①
　　能力の実態として，全員が整数÷整数，小数÷整数の計算処理ができる。しかし，小数÷整数の意味については，説明できるまでの理解が十分でない子どもも多く，事前の指導が必要である。算数科の学び方や表現力については，話を聞いて考え方を理解しようとする態度のある子どもが多い。しかし，数学的な課題を見出し，自分で考えをつくったり，それを友達と出し合ったりして新たな価値を見出していくという問題解決的な学び方が十分身についておらず，4月，5月でそのような学び方に慣れてきている状態である。また，言葉や式，図などを使って表現する力が身についておらず，継続した指導と

191

第Ⅵ部　指導計画や学習指導案作成の実際

評価が必要である。②
○　児童はこれまでに，小数の加減法，小数の乗法の意味や仕方について学んできている。また，除数が整数である場合の除法の意味や計算の仕方，除法に関して成り立つ性質（除数および被除数に同じ数をかけても，同じ数で割っても商は変わらない）についても，整数についてのみ学んできている。③ここでは，それらの既習事項を生かして，整数÷小数や小数÷小数の計算の意味や仕方を考え，それらの計算ができること，また，余りの大きさを理解すること，さらに，小数の除法についても，整数の場合と同じ関係や法則が成り立つことを理解していく。④この学習は，第6学年の「乗数や除数が分数の乗法及び除法」の意味を理解したり，その計算の仕方を考えたりする学習へとつながっていく。⑤
○　本単元は，前述のような実態の児童に，次のような手立てをとる。
　(1) 課題づくりのために　…略…
　(2) 問題解決のための数学的な考え方を引き出すために　…略…
　(3) 本単元の内容価値の定着のために　…略…

3　単元の目標
〈知識及び技能〉
○「除数が小数である除法」について，わり切れるまでわり進む除法，ある位までの概数で商を表す除法，ある位まで商を求め，あまりを出す除法のそれぞれを，場合に応じて的確に用い，計算できるようになる。
○「除数が小数である除法」の意味やその仕方を理解できる。
○　被除数と商の大小関係のきまりを理解できる。
〈思考力・判断力・表現力等〉
○「除数が小数である除法」の意味やその仕方について，除数が整数の除法の仕方など，既習事項を生かして考えたり，その考えを言葉や式，数直線などを使って根拠を明らかにしながら説明したりすることができるようになる。
〈学びに向かう力・人間性〉
○「除数が小数である除法」が適用される場面やその仕方に関心をもち，意欲的に処理の仕方を考えたり，活用して処理したりするとともに，それを進んで生活に生かそうとする態度をもつ。

　これは，単元全体計画を記述する前の「指導観」及び「単元の目標」の記述部分である。下線①は，第5学年1組の児童の「興味・関心の実態」を述べている。「小数でわるわり算」の学習内容に対して，事前にどのような興

192

第14章　教育課程や指導計画の策定

味なり関心を抱いているのかを把握している。下線②が，「能力の実態」である。ここでは，本単元の内容に系統的につながるこれまでの学習内容についての定着の具合と，算数科の学習技能（学び方）の実態を述べている。続いて，③は，本単元につながるこれまでの学習内容，④はそれを受けての本単元のねらいおよび学習内容，⑤はそれを受けて今後どのように発展した学習をすることになるのか，という全体を見通したマクロな視点で分析をしている。これらの「実態」および「系統」を踏まえて本単元のねらいを焦点化し，達成すべき単元の目標を観点別に明確にしたり，単元全体における具体的な手立てを構想したりしている。そのうえで単元指導計画を例えば以下のように具体化する。

4　単元指導計画（総時間数 10 時間）

主な活動	主な手立て	評価の観点と規準
1　リボン 1m の値段を知る必要がある場面から課題を見出し，本単元を設定する。（1時間）	○　除数が小数の場合でも除法の立式が成り立つことやその意味をとらえられるように，2m，3m など，整数の場合で立式する活動を行い，そこから 2.4m ではどうなるかを類推する活動を設定する。 ○　課題を見出すことができるように，何が困るのかを問い，除数が小数であるために計算ができないという困り感を浮き彫りにする。	○　除数が小数である場合でも除法の立式が成り立つことや，その意味を理解している。（知・技） ○　除数が小数の計算の仕方に関心をもち，その仕方を明らかにしてできるようになりたいという意欲を高めている。（態度）
「わる数が小数」のわり算の仕方を考えて明らかにし，できるようになろう。		
2　除数が小数のわり算の仕方を考える。（6時間） (1)（整数）÷（小数）の計算の仕方を考える。①	○　…略… ←次項で取り上げる 1 時間（本時）	○　…略…
(2)（小数）÷（小数）の計算の仕方を考える。①	○　目をつけるべきは除数だけで，前時と同様に考えればよいことに気づけるように，「除数・被除数を 10 倍して　…略…	○　前時の考え方から類推して立式できるとともに，同様の考え方で計算の方法に気づいている。（思）

193

第Ⅵ部　指導計画や学習指導案作成の実際

　続いて，単元指導計画の中でさらに焦点化した，ある1時間の指導計画を見てみよう。単元計画の第2時の学習である。

5　本時
(1) ねらい
　（整数）÷（小数）の計算の仕方を考える活動を通して，（整数）÷（整数）の仕方やわり算の性質などの既習事項をもとに，根拠を明らかにしながら自分の考えを表現できるようにするとともに，「被除数と除数に同じ数をかけて，除数を整数にすればよい」という方法を見つけ出し，理解できるようにする。
(2) 準備　　数直線等作成用紙（子ども配付用），ミニホワイトボード
(3) 展開

	学習活動と子どもの意識	指導上の留意点と評価規準
導	1　前時までを想起し，本時のめあてと見通しをつくる。	○　課題を明確にしてめあてをつくることができるように，前時…略…
	（問）2.4mで96円のリボンがあります。1mでは，いくらになりますか。	
入	(1) 課題点を明確にし，めあてをつくる。	
	「わる数が整数ならできる」ことを生かして（整数）÷（小数）の仕方を考えよう。	
	(2) 見通しをもつ。	
	結果の見通し　赤・青のリボンと比べて考えると，およそ40円くらいになりそう。	
8分	方法の見通し ○　子どもの発言から次の3つの見通しを明らかにしていくが，見通しがもてそうにない場合，また，いずれかの見通しが発言として出てこない場合は，表記した手立てをとる。⑥ A「0.1mではいくらか」を考えてあとから1mにすれば，わる数が整数でできそう。←（出てこないとき）0.1mずつで区切りをつけた数直線を提示し，いくつに分かれているかを問う。 B　2.4mが24mだったらと考えると，わる数を整数として考えられそう。←（出てこないとき）2.4が何だったら解けるかを問い，そのときの値段を考えることを示唆する。 C　4年生で学んだわり算の性質を使って，わられる数とわる数に同じ数をかければ，わる数を整数にできそう。2.4が何なら解けるかを問い，そのときわられる数はどうなるか，わり算の性質を生かせないかを示唆する。	
…後略…	○　難しいと感じている児童は，この後の一人学びの時間で考えをつくる足がかりにできるように，まずは3つのうちのいずれかの方法を選択することを促す。⑦　　　　…後略…	

194

第14章　教育課程や指導計画の策定

　1時間の指導計画になると，その学習をする段階での学級の児童の実態がよくふまえられたものとして，効果的な教材や教具，手立てを明確に構想できる。下線部⑥や⑦のように，授業の中で戸惑う可能性のある児童への支援までを計画に入れると，より個別的な対応まで含まれた指導計画となるだろう。

　先述のように，ここまで綿密な計画を立て，それを文章化するようなことは，研究授業などでもない限り行わないし，行う余裕はない。しかし，たとえ略案であっても，あるいは紙面に起こさなくとも，さまざまな実態をふまえ，マクロな展望から逆算した目の前のミクロな目標を達成するための指導計画を常に描きながら，教育活動は進められなければならない。

［大村龍太郎］

● 考えてみよう！

▶ 自身の通っていた学校の実態や児童生徒の実態，地域の実態はどのようなものか考えて，それぞれを整理してみよう。

▶ 児童生徒，地域や学校の実態をふまえて教育課程を編成したり指導計画を立てたりしている学校を調べ，その特徴を整理してみよう。

▶ 特定の教科等の特定の単元を取り上げ，それを単元・学期・学年をまたいだ長期的な視野で見たとき，それはこれまでの学習内容の何が土台となっていて，今後，発展してどのような内容になるのかを調べて，つなげて図等で表現してみよう。

● 引用・参考文献

田中耕治編（2009）『よくわかる教育課程』ミネルヴァ書房
日本カリキュラム学会編（2001）『現代カリキュラム事典』ぎょうせい
文部科学省（2017）「小学校学習指導要領（平成29年告示）」

第Ⅵ部　指導計画や学習指導案作成の実際

第15章

学習指導案の作成

●　本章のねらい　●

　学習指導案は「教育の方法と技術」にかかわらず，さまざまな授業で作成する機会がある。しかし，「どうやって作ったらいいかわからない」と耳にすることが多い。そこで，本章では学習指導案の作成，とりわけ作成する前の準備段階に着目した。教科書や指導書を参考にしたり，学習環境や児童生徒の実態，学習規律や学び方の習得の状況をふまえたりして，学習指導案を構想したり，作成した学習指導案の改善について学んでいく。

第1節　学習指導案を作成する前に

1．教科書を分析する，指導書を参考にする

　授業設計する前には，ぜひ教科書や指導書を参考にしたい。教科書や指導書は，これまで教科について深く研究してきた研究者や，誰よりも教材研究と失敗を重ね，より良い授業実践をしようと挑戦してきた教師たちが執筆者に名を連ねている。また，多くの教科書を手がけてきた教科書会社の担当者が編集，校正を行い，そのうえで文部科学省による教科書検定を経て，ようやく教科書は完成する。教科書検定に合格しているということは，学習指導要領にきちんと対応した教科書という証である。

　そこで，まず授業設計を始める前に教科書を分析したい。授業をする単元

は何時間で構成されているか。挿絵にはどんなものが使われていて，それにはどんな意味や意図があるのか。写真のどこを何枚使われているか。どの写真を使って発問をするか。どの順番で教科書を示していくか。文章は何分で読めるか。担任する児童生徒たちは，教科書のどこでわからなくなりそうか。このように教科書を分析することを通して，授業の展開を考えたり，児童生徒の顔を想像したりしたい。

　また，指導書も参考にしたい。そのうえで，児童生徒の実態や学習環境等に応じて，指導書の内容と少しだけ変更して指導案を作っても良い。指導書を見ることで「オリジナリティがない」「考えていない」というような厳しい意見もある。教育実習生や若い教師は，まずはその「型」をよく理解したうえで，授業を実践し，その「型」を通して成長していく中で，教師の個性が光った授業を創造していきたい。

2. 学習環境を確認する，児童生徒の実態を把握する

　学校や学級の特徴，児童生徒一人ひとりの特徴，教室環境や教材教具，ICT 機器の整備状況，教師自身の力量など，前提となる条件はさまざまである。児童生徒の実態を含む学習環境をチェックし，実現可能性を探る必要がある。ICT を活用する場合には，その操作をチェックしたり，操作ができるようになっていたりする必要がある。この確認は，授業をスタートさせる前，できれば授業設計をする前に児童生徒の実態や学習環境を確認したい。

　また，レディネステストなどで授業までの児童生徒の前提となる知識を確認したり，これから取り組む学習内容に対する意識などを書かせたりして，児童生徒の学習内容に関連する知識や意欲，意識を知ることから始めたい。同じグループの児童生徒との関係性は良好か，児童生徒一人ひとりの最近の生活の様子はどうか，なども意識したい。

3. 授業の「型」や学習過程を意識する

　授業の「型」は，多くの学習指導案に見られる「導入・展開・まとめ」がある。「導入」では，前時までの学習を振り返ったり，引きつける教材によ

第Ⅵ部　指導計画や学習指導案作成の実際

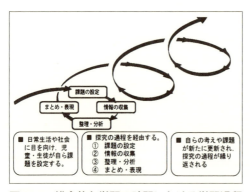

図15.1　総合的な学習の時間における学習過程
(出所) 文部科学省 (2017b：9)

って児童生徒の意欲を喚起させたりする。「展開」では，主発問から本時の目標に迫る学習活動に取り組む。「まとめ」では，1時間の授業をまとめたり振り返ったりするとともに，次時の学習予定の予告をする。

他には，例えば市川伸一 (2008) の「教えて考えさせる授業」がある。「教える段階」には，予習をしたうえで，①教師からの学習の方針や前提条件に関する説明がある。また，「考えさせる段階」には，②理解確認，③理解深化，④自己評価というプロセスで授業を設計する。

総合的な学習の時間（文部科学省 2010）の「探究的な活動」は，①課題の設定，②情報の収集，③整理・分析，④まとめ・表現のプロセスで単元を進めていく。このような学習過程も「型」の一つと捉えることができる。小学校学習指導要領（平成29年告示）では，教科や単元で学習過程が示されている。例えば，「話すこと・聞くこと・話し合うこと」の学習過程は**表15.1**のように示されている。同じく「読むこと」や「書くこと」でも学習過程が示されている。他の教科でも学習過程を示している領域がある。この学習過程が各

表15.1　国語科「話すこと・聞くこと・話し合うこと」の学習過程

話すこと	聞くこと	話し合うこと
1. 話題の設定	1. 話題の設定	1. 話題の設定
2. 情報の収集	2. 情報の収集	2. 情報の収集
3. 内容の検討	3. 構造と内容の把握	3. 内容の検討
4. 構成の検討	4. 精査・解釈	4. 話合いの進め方の検討
5. 考えの形成	5. 考えの形成	5. 考えの形成
6. 表現	6. 共有	6. 共有
7. 共有		

第15章　学習指導案の作成

教科の見方・考え方に寄与する学習プロセスであることを示していると捉えることができるだろう。授業設計を行う教科や単元，その目標をふまえて，授業の型や学習過程を設定していきたい。

4. 学習規律と学び方 (学習スキル) の習得状況を確認する

　教育実習では，学級担任の学級経営によって児童生徒が動き，発言し，活動をしていることに気がついただろうか。例えば，教育実習生が発言を促すと児童生徒が発言したり，「コンパスを使います」と指示すると児童生徒がコンパスを上手に使えたりする。こうした事象は，学級担任がこれまで児童生徒に発言の仕方や学び方 (学習スキル) を繰り返し指導してきた成果である。決してあなた本人の実力だけではない。このように授業設計は，学習指導案の作成のみではなく，学習規律や学び方 (学習スキル) に支えられている。授業実践に取り組む学級はどんな学習規律があり，どの程度定着しているか，学び方 (学習スキル) はどのくらい定着しているかを確認しよう。

(1) 学習規律

　学習規律は，「授業の約束」と「生活の約束」などに分けられることがある (岡山県教育委員会 2013)。「授業の約束」では，①授業の準備の仕方，②挨拶の仕方，③学習中の机上，④話し方や聞き方などがある。「生活の約束」では，①登校時に取り組むこと，②時間を守ること，③掃除の仕方・整理整頓の仕方，④学級での過ごし方，など多岐にわたる。

　学校によっては，全校で学習規律を統一している (春日井市立出川小学校 2015)。学校全体で統一することで，①学級担任が出張したり，休暇を取得したりした際に，他の教員が学級に入っても指導を変えないで済む。②クラス替えで担任が替わっても，4月のスタートを学習規律に時間を割かずにスムーズに移行ができる，などがある。

(2) 学び方 (学習スキル) の習得

　学び方 (学習スキル) は，学習活動を進めていく際に必要な学習方法の習得

199

第Ⅵ部　指導計画や学習指導案作成の実際

を指す。例えば，①教科毎のノートの使い方・書き方，②ものさし・コンパス・三角定規等の教具の使い方，③学校によっては話し方聞き方，発表やプレゼンの仕方も学び方（学習スキル）に入れている。教師の板書スピードと同じスピードでノートを書けるかどうかも重要な学習スキルとなる。最近では④タブレット端末の導入が進んでいることから，キーボード入力やソフトウェアの使い方も学び方と呼ぶ場合がある。また，⑤思考ツールの活用なども考えられる。他にも学び方（学習スキル）は多岐にわたる。学び方を習得しているかどうかで，授業の進度に違いが出てくるだろう。

第2節　授業をデザインする

　斎藤喜博（1969）は，授業は「教材がもっている本質」と「教師が願っているもの」と「児童生徒たちの思考・感じ方・考え方」との「3つの緊張関係の中に成立する」と述べている。つまり，教師が児童生徒へ一方的に教えるような授業ではなく，「教師と児童生徒」「児童生徒と児童生徒」「教師と教材」「児童生徒と教材」の間に葛藤が生じるような「緊張関係」をもつ授業をデザインしていきたい。

　学習指導案は，1時間あるいは単元の学習指導をどのように実施するかを記述した学習の設計図である。ねらいや手順だけでなく，児童生徒の反応や教師の支援などを詳細に記述する。記述には児童生徒一人ひとりの実態の分析が必要で，学習指導案そのものが教師の力量を示すともいわれる。

1. 学習のスタートとゴールを確認する

　教科書を分析したり，指導書を確認したりしながら，学習のスタートとゴールを確認する。根本淳子・鈴木克明（2018）は，授業設計の前に，教師は学習のスタートとゴールを確認する必要があると述べている。教師がどんなに授業を工夫しても，授業をする相手にあった学習内容でなければ，その工夫は伝わらない。

第15章 学習指導案の作成

例えば，5年生の社会の学習内容は，4年生までに自分の住んでいる都道府県の特徴を理解したり，日本には47都道府県があり，どこに何があるかくらいは習得したりしていなければ理解が浅くなる。米作りの単元（農業）で庄内平野を取り扱った場合，庄内平野が山形県であることを習得していなければ，理解は深まらなかったり，あるいは予定通りに授業は進まなかったりすることが予想できる。つまり，5年生として学ぶために，その前提となる知識があり，この前提によってスタートが設定できる。

そして単元終了後に，単元前に比べて児童生徒にはどんな能力が向上し，何がわかっていて，何ができるようなっていればいいか（目標），そのためにどんな教育方法で学習を展開するかを整理しておくことが大切である。教師はゴールを理解したうえで，授業がスタートするとき，児童生徒にゴールを示していなければならない。表15.2は授業のスタートとゴールを確認するための「出入り口分析シート」である（根本・鈴木 2018）。授業の対象者は誰なのか，学習目標は何かを確認し，そのうえで評価方法は学習目標とどのように対応しているかを確認したい。

表15.2　出入り口分析シート

教科・単元名	
学年	
単元目標	
入口（前提）	
本時の目標	
本時の活動	
本時の評価方法	

（出所）根本・鈴木（2018：48）

201

第Ⅵ部　指導計画や学習指導案作成の実際

2. 授業の構成を確認する

　教師は，授業で学習目標に向かって，より意図的に，より体系的な指導を行っていくことが重要である。授業で，新しい知識や技能を習得することを支援するための枠組みを整理したものに，ロバート・ガニェ（Robert M. Gagne）が示した「9教授事象」がある（根本・鈴木 2018）。9教授事象はガニェが認知心理学の情報処理モデルに依拠して1970年代に提唱したものである。

　表15.3の授業構成検討シートには9つの事象が入るように授業を組み立てると，児童生徒の学習を支援するために必要な学習活動が漏れることを防ぐことができる。また，学習過程である「導入」「展開」「まとめ」に対応させて整理していくと，学習支援のプロセスでそれぞれの役割がわかるようになっている（根本・鈴木 2018）。出入り口分析シートのあとに，授業構成検討シートで授業構成を検討したうえで学習指導案の作成に入っていきたい。

表15.3　授業構成検討シート

導入		事象1　学習者の注意を喚起する
		事象2　学習目標を知らせる
		事象3　前提条件を確認する
展開	情報提示	事象4　新しい事項を提示する
		事象5　学習の指針を与える
	学習活動	事象6　練習の機会を設ける
		事象7　フィードバックをする
まとめ		事象8　学習の成果を評価する
		事象9　保持と転移を高める

（出所）根本・鈴木（2018：51）

202

3. 学習指導案の作成と手順

いよいよ学習指導案を作成する。学習指導案の形式は地方自治体や学校によって多少は異なるが作成の手順は，おおむね**表15.4**のように作成する。

表15.4　学習指導案の作成の手順

①学習指導要領の内容を確認し，単元（題材・主題）目標と学習内容を確認する。
②単元（題材・主題）構成を考える。
③単元（題材・主題）の指導計画と評価計画の立案をする。
④本時の目標を確認する。
⑤指導内容の焦点化・授業の山場を想定する。
⑥児童生徒の実態を想起し，どこで何を考えさせるかなど授業構成をイメージする。
⑦評価と支援の方法を考える。
⑧発問計画，板書計画を考える。

学習活動を考えていくためには，実験や観察，調べ学習，体験的な活動などの学習活動から発想する。児童生徒の興味を喚起させる導入の工夫，課題設定の方法，学習方法（調べ学習，課題解決学習，グループによる話し合いなど），教材・教具・資料の準備，これらを提示したり，配布したりする時間や方法などを検討する。

また，学習課題や本時のめあての提示，課題解決の方法の検討，実施，まとめなどから学習過程に沿って学習指導案を作成する。さらに，授業のねらいや内容，学習活動のねらいに応じて学習形態（一斉学習やグループ学習，ペア学習，個別学習など）を設定する。

図15.2は東京都教職員研修センター（2018）による学習指導案のフォーマットとその解説である。他の教育委員会からも多くの見本が示されている。2017（平成29）年告示の学習指導要領では評価の観点が3観点（「知識及び技能」「思考力・判断力・表現力等」「主体的に学習に取り組む態度」）に改訂された。したがって，今後の評価欄については**図15.2**の3のような4観点（「関心・意欲・態度」「思考・判断・表現」「技能」「知識・理解」）ではなく，この3観点に従って記述したい。

第Ⅵ部　指導計画や学習指導案作成の実際

```
┌─────────────────────────────────────────────────────────────┐
│  小学校・中学校・高等学校等の例   ○○○ 科 学 習 指 導 案      │
│                                                               │
│                                     日　　時　平成○年○月○日（　）│
│   ・タイトルはMSゴシック体、本文はMS            第○校時 00:00〜00:00│
│     明朝体で記入する。              対　　象　第○学年○組　○名 │
│   ・文字の大きさは10.5ポイントとする。 学 校 名　○○○○学校     │
│                                     授 業 者　職　氏名         │
│                                     会　　場　○階○○教室       │
└─────────────────────────────────────────────────────────────┘
```

1　単元（題材）名（科目名、教科書、副教材等）

2　単元（題材）の目標

・学習指導要領に基づき、児童・生徒に身に付けさせたい力を具体的に記述する。
・「〜する」、「〜することができる」など、児童・生徒の立場で記述する。
・高等学校については、自校の「学力スタンダード」、「技能スタンダード」に基づき記入する。

3　単元（題材）の評価規準

ア　関心・意欲・態度	イ　思考・判断・表現	ウ　技能	エ　知識・理解
①○○に関心をもち、それを意欲的に調べようとしている。 ②○○を考えようとしている。	①○○について、学習問題や予想、学習計画を考え表現している。 ②○○を比較して△△を考え適切に表現している。	①□□して、○○について必要な情報を集め読み取っている。 ②調べたことを◇◇にまとめている。	①○○について○○○を理解している。 ②△△△について○○○を身に付けている。

・「単元（題材）の目標」を基に「おおむね満足できる」状況を観点別に具体的な児童・生徒の姿として示す。
・観点は、校種・教科によって異なっていることに留意する。（例　小学校理科の観点は、「ア　自然現象への関心・意欲・態度」、「イ　科学的な思考・表現」、「ウ　観察・実験の技能」、「エ　自然現象についての知識・理解」の4観点で評価する。中学校外国語の観点は、「ア　コミュニケーションへの関心・意欲・態度」、「イ　外国語表現の能力」、「ウ　外国語理解の能力」、「エ　言語文化についての知識・理解」の4観点で評価する。）
※参考資料「小学校、中学校、高等学校及び特別支援学校等における児童生徒の学習評価及び指導要録の改善等について（通知）」
（平成22年5月　文部科学省）
　「評価規準の作成、評価方法等の工夫改善のための参考資料」
（小学校・中学校：平成23年11月、高等学校：平成24年7月　国立教育政策研究所）
　「適正で信頼される評価の推進に向けて」（平成24年3月　東京都教育庁指導部）

4　指導観

（1）単元（題材）観

・学習指導要領における位置付けについて記述する。また、高等学校については自校の学力スタンダード・技能スタンダードとの関連について記述する。
・重点を置く指導事項等について、記述する。
・「カリキュラム・マネジメント」の視点から教科等間の関連（教科等横断的視点）を記載する。

（2）児童・生徒観

・本単元（題材）の学習内容に関する基礎的な既習事項の定着状況について記述する。
・学習上の課題等について記述する。

（3）教　材　観

・単に使用する教材の工夫を記述するのではなく、単元（題材）観や児童・生徒観との関連に触れながら、使用する教材についての考え方を記述する。
・授業で扱う資料や、各種教材・教具、地域の人材、学習環境などをどのように活用するかを明確にする。

5　年間指導計画における位置付け

・本単元（題材）の学習内容に関連すると考えられる前後の学習内容を記述する。高等学校は「学力スタンダード」、「技能スタンダード」を踏まえて記載する。

・1単位時間の中で、1〜2項目の評価となるよう焦点化する。
・観察を中心とした授業中の評価と、ノートやワークシート、作品等の評価を適切に組み合わせて行う。

6　単元（題材）の指導計画と評価計画（○時間扱い）

時	目標	学習内容・学習活動	評価規準（評価方法）
第1時			・アー①（調べたり発表したりする様子の観察）
第◆時（本時）			・ウー①（ノート記述の内容の観察）

図15.2　学習指導案 小学校・中学校・高等学校等の例（東京都教職員研修センター 2018）

第 15 章　学習指導案の作成

7　指導に当たって

・授業力の 6 要素（「使命感、熱意、感性」、「児童・生徒理解」、「統率力」、「指導技術（授業展開）」、「教材解釈、教材開発」、「『指導と評価の計画』の作成・改善」）等に基づいて、工夫・改善したこと等を記述する。
（例）　授業形態の工夫（一斉指導と個別指導、少人数指導、グループ学習、ティームティーチング等）
　　　　指導方法の工夫（示範、板書、発問、「主体的・対話的で深い学び」の実現、体験的学習等）

8　本　時　（全○時間中の第◆時）

(1) 本時の目標

・本時において児童・生徒にどのような力を身に付けさせるのかを記述する。
・「～する」、「～することができる」など、児童・生徒の立場で記述する。

(2) 本時の展開

時間	○学習内容　・学習活動	指導上の留意点・配慮事項	評価規準（評価方法）
導入 ○分	・既習事項を確認し、本時の目標を把握する。 ・学習の進め方を知り、学習の見通しをもつ。	・板書で目標を明示する。 ・○○を示して○○○について課題意識をもたせる。	
展開 ○分	・学習活動の趣旨と学習する内容が明確になるように記述する。 ・主発問と予想される児童・生徒の答え、補助発問等を記載する。 ・「主体的・対話的で深い学び」の実現を図る。 《○「学習内容」の記述例》 ○地図を見て、学校の周りの様子と市街地の様子を比べて、違いや共通点に気付く。 ○□□□の性質を理解する。 《・「学習活動」の記述例》 ・△△の変化について、実験結果を確認するようにする。 ・○○について気付いたことを意見交換する。 ・意見交換を基に、自分の考えをまとめる。	・本時の目標を達成するための具体的な指導や工夫等について記述する。 ・児童・生徒が課題を達成するための指導の工夫・改善等について具体的に記述する。 ・教師の指示や説明の目的も記述する。 ・授業中の評価で評価規準に達していない児童・生徒に対する更なる留意点を具体的に記述する。 ・学習内容によって、安全や健康面への配慮や個別の対応を必要とする場合に記述する。 ・ＴＴ等の複数の教員が関わる授業では、それぞれの教員の役割を明確にして記述する。 《「指導上の留意点・配慮事項」の記述例》 ・△△の変化について、観察の様子と関連付けて考えさせるようにする。 ・○○の視点、□□の方法で意見交換を行うよう、助言する。 ・まとめたことを、学習のねらいに即して価値付ける。	・本時で身に付けさせたい力を、どの学習活動のどのような児童・生徒の姿から把握するのか、展開の中で位置付ける。 ・効果的・効率的な評価のために評価規準を明確に記述する。 ・具体的な評価をする際のポイントや手だてを記載してもよい。 《記述例》 ウ－① ・○○について資料を収集し、○○して必要な情報を読み取ったり、まとめたりしている。 （ノート記述の内容）
まとめ ○分	・本時の学習について振り返る。 ・次時の学習について見通しをもつ。	・本時の目標の達成に向けた実現状況を確認する。 ・次時の学習への見通しをもたせる。	

(3) 板書計画

・1 単位時間の学習の流れが分かるように、内容を整理して記述する。
・単元（題材）名、本時の目標等を記述する。
・視覚的な提示を工夫する。

《評価方法の具体例》
・ノート、ワークシート、板書等の記述
・授業中の発言の観察（教師の発問に対する応答、挙手による発言、話合い活動等）
・課題に対する実際の活動の内容（（例）理科：実験に取り組む様子、体育：運動に取り組む様子）等の観察
・学習活動に即した具体的な評価規準は「3　単元（題材）の評価規準」の内容を記述する。

(4) 授業観察の視点

・授業改善に向けて、観察してほしい点や、協議してほしい点を記述する。
（記述例）
　＜目標＞　本時の指導に指導観が生かされていたか。
　　　　　　教科等の目標、単元（題材）の目標、本時の目標のそれぞれに一貫性をもたせていたか。
　＜展開＞　本時の目標を達成するための学習活動となっていたか。
　　　　　　「主体的・対話的で深い学び」の実現が図られていたか。
　　　　　　時間の配分は適切であったか。
　＜学習活動、指導上の留意点＞
　　　　　　児童・生徒の興味・関心を高める導入の工夫がされていたか。
　　　　　　分かりやすい効果的な発問、整理された板書、計画的な資料提示の工夫等がされていたか。
　　　　　　特別支援教育の視点より、特別な配慮を要する児童・生徒に応じた指導を行っていたか。
　＜評価＞　本時の目標と評価項目と学習内容が一致していたか。
　　　　　　評価項目や評価方法は適切であったか。

205

第Ⅵ部　指導計画や学習指導案作成の実際

第3節　学習指導案をより良くするために

　学習指導案をもとに児童生徒との関わりを通して授業を展開する。教師の意図は，主として音声言語（質問・発問・指示・説明）や文字言語（板書），ICT などの教授メディアを通して児童生徒に伝えられる（堀田・佐藤 2017）。これらのポイントをふまえて，学習指導案をより良くしていきたい。

1.　質問・発問・指示・説明

　質問は，発問をする前の学習の前提条件を整える機能がある。質問は具体的でわかりやすく，言い換えや繰り返しを必要としない確認事項である。

　発問は，児童生徒に学習課題を思考させ，理解を深める。発問は，学習目標との関係で決定する。発問は一問多答で，児童生徒の考え方を導き出し，学習目標を達成するための思考を促す。

　指示は，児童生徒の学習活動を促す。同時に2つのことを指示せず，ひとつの活動が終了したことを確認して次の指示をする。佐藤正寿（2010）は指示の原則と児童生徒の行動への働きかけについて，①「短くはっきりと」が基本，②目安やイメージがわくものを入れる，③「小さな声の指示」で集中させる，④約束や指示，ジェスチャーを入れる，⑤指示した後の活動をほめ言葉で評価する，の5つを示している。

　説明は，児童生徒に学習の課題や活動を理解させる役割がある。児童生徒の実態，興味・関心等に説明のレベルを合わせる。児童生徒の表情や反応を観察して，説明内容が伝わっているかを確認して，確実に理解されるよう心がける。藤本勇二（2012）は説明について，①表情や強調した身ぶり手ぶりを使用する，②重要な点を指し示すように黒板を使用する，③短く簡単な文章を使う（1文1情報），④間合いや話す速度を適宜変化させる，⑤教師が話す表現や用語などの言葉とその内容を児童生徒のレベルに合わせる，⑥聞きとれてかつ学習のねらいに沿った説明をする，⑦児童生徒に考えてほしいポイントを明確に伝える，の7つを示している。

206

2. 板書

板書は，授業時間の経過と授業コミュニケーションが進むにつれ，学習者の思考ペースに合わせて順次付け加えられていく教授メディアである（堀田・佐藤 2018）。板書はその時間の学習指導案を可視化したものになるよう構成する。授業後に板書を見たときに授業展開がわかるように書く。板書は，子供の言語環境を整え，児童生徒の思考を促したり理解を深めたりする。板書は計画的で構造的であること，視覚に訴えること，児童生徒の黒板の見え方を考慮する。板書は事前に計画的で構造的な構想を練っておく。できれば一度簡単に練習しておく。視覚に訴えるには，色覚的なバリアフリーを配慮しつつ，色チョークや図，写真など，児童生徒が考えたり理解したりしやすいよう工夫する。字は握りこぶし一つ分程度の大きさで書く（釼持 2014）。

3. ICT 活用による教材の提示

ICT 活用による教材の提示では，大型提示装置（電子黒板や液晶プロジェクターなど）と実物投影機や PC 等の組み合わせによって，授業をより良く改善していくことを目的としている。ICT 活用では，実物や手元での実演，教科書，ノート紙面などを拡大してわかりやすく示す。教室のどこからでもよく見えるように示すことが基本である。ICT を活用しても小さく提示されたら，活用しても授業はかえってわかりにくくなる。この基本をふまえたうえで，学校放送番組やデジタル教科書等に収録されている動画教材の再生やシミュレーションなどを学習活動に応じて活用したい。その際，板書とICT の役割を明確にしておきたい。必ず示しておかなければいけない情報は板書で，流動的で一時的に示す情報は ICT で，という分け方が一般的である。

4. ノート指導

学習したことを記録し，整理し考えることで，自ら学ぶ意欲を高めることができる。ノートの書き方を工夫することで考えを整理し，復習の資料として活用する。藤本（2012）はノート指導について，①鉛筆の持ち方や書くと

第Ⅵ部　指導計画や学習指導案作成の実際

きの姿勢について指導する，②学習した日付や学習内容がわかるように見出し等をつけさせる，③板書内容を理解しながらノートに書く技能を身に付けさせる，④教師が板書するスピードで書けるよう繰り返し指導する，⑤自分や友達の考え，教師の言葉を付け加えてノートに書く，⑥実物投影機で書き方を示し，ノートの書き方を指導する，の6点について示している。

［佐藤　和紀］

● 考えてみよう！

▶ 授業に取り組む学級の状況（学習規律や学び方の習得），学習環境，児童生徒の実態，授業を実施する予定の児童生徒の実態をできるだけ書き込んでみよう。教育実習の場合は，担任の教師に聞き取ったり，観察したりして書き込んでみよう。

▶ 表15.2の「出入り口分析シート」に，授業を実施する予定の教科・単元に関する事項をできるだけ細かく書き込んでみよう。

▶ 「出入り口分析シート」の書き込みをふまえて，表15.3の「授業構成検討シート」に授業を実施する予定の教科・単元に関する事項をできるだけ細かく書き込んでみよう。

▶ 上記をふまえて，学習指導案を作成してみよう。その際，「第3節　学習指導案をより良くするために」を良く読み，学習指導案を読み返し，改善しよう。

● 引用・参考文献

市川伸一編（2008）『「教えて考えさせる授業」を創る―基礎基本の定着・深化・活用を促す「習得型」授業設計』図書文化

岡山県教育委員会（2013）「学習規律実践事例集」www.pref.okayama.jp/uploaded/life/353191_1820007_misc.pdf（2018.10.30. 最終閲覧）

堀田龍也監修，春日井市教育委員会・春日井市立出川小学校著（2015）『春日井市・出川小学校の取り組み 学習規律の徹底とICTの有効活用』教育同人社

釼持勉（2014）『プロの板書 基礎編』教育出版

斎藤喜博（1969）『教育学のすすめ』筑摩書房

佐藤正寿（2010）『「力をつける授業」成功の原則』ひまわり社

東京都教職員研修センター（2018）「学習指導案 小学校・中学校・高等学校の例」

http://www.kyoiku-kensyu.metro.tokyo.jp（2018.10.30. 最終閲覧）

根本淳子・鈴木克明（2018）「インストラクショナルデザイン」篠原正典・荒木寿友編著『教育の方法と技術』ミネルヴァ書房

藤本勇二（2012）「第3章 小学校での教育活動を理解する・実践する」小野賢太郎・小柳和喜雄・平井尊士・宮本浩治編著『教師を目指す人のための教育方法・技術論』学芸図書

堀田龍也・佐藤和紀（2018）「教授・学習を成立させる教材・教具」篠原正典・荒木寿友編著『教育の方法と技術』ミネルヴァ書房

文部科学省（2010）「今，求められる力を高める総合的な学習の時間の展開（小学校編）」www.mext.go.jp/a_menu/shotou/sougou/1300434.htm（2018.10.30. 最終閲覧）

文部科学省（2017a）「小学校学習指導要領（平成29年告示）」

文部科学省（2017b）「小学校学習指導要領（平成29年告示）解説 総合的な学習の時間編」

索　引

あ行

ICT　　29, 36, 85, 87, 158, 161, 207
ICT 活用能力→情報活用能力
ICT 環境整備　　39，41
アウトカム　　152, 179
アウトプット　　152
アクター　　63
足場かけ　　8
穴埋め問題　　18
アプリケーションソフトウェア　　90
生きる力　　119
椅子　　63, 65
一斉指導（一斉学習）　　11, 18, 63
意図的計画的な指導　　61
異年齢集団　　62
e ポートフォリオ　　52
インストラクショナルデザイン　　9
インターネット　　37, 69
ヴィゴツキー　　7
SNS　　30, 36
Edtech　　57
NHK for School　　90
演繹　　61
大型テレビ　　88

か行

解説的アプローチ　　10
学習　　61
学習活動　　8, 203
学習過程　　19, 24, 27, 95, 96, 197, 198
学習環境　　197
学習規律　　199
学習形態　　63, 203
学習指導　　8
学習指導案　　190, 191, 196, 203
学習指導要領　　14, 44, 55, 100, 110, 140, 141, 144, 161, 174, 176
学習内容　　8, 9, 14
学習評価. 学習（の成果）の評価　　43, 177
学習目標　　8, 9, 11

拡大提示　　90
学力　　14
掛図　　70
学級　　61
学級王国　　64
学級編成の弾力化　　62
学校教育法　　106, 109
学校教育法施行規則　　109
学校経営　　157
学校における働き方改革特別部会　　55
学校の実態　　185, 186
活動指標　　152
ガニェ　　202
紙芝居　　69
カリキュラム　　128, 161
カリキュラム評価　　170
カリキュラム・マネジメント　　39, 101, 105, 121, 156, 176
観察　　203
関心・意欲・態度　　45
完全習得学習　　7
観点別学習状況　　45
観点別評価　　44
関連（相関）教科カリキュラム　　131
機会の平等　　179
机間指導　　82
既習事項　　10, 19
基準性　　110
基礎　　61
基礎的・汎用的能力　　159
帰納　　61
技能　　14
技能・表現　　45
規範　　71
キーボード　　35
教育活動　　135
教育課程　　100, 102, 128, 175, 177, 184, 190, 191
教育課程行政　　158
教育課程編成　　105, 163, 174, 176
教育基本法　　106, 109

210

索　引

教育行政　176
教育内容　68, 135, 137, 150
教育目標　54, 101, 136
教員育成指標　106
教科カリキュラム　130
教科書　68, 196
教科用図書　68
教具　68, 203
教材　68, 203
教材研究　8, 94
教室　63
教師の信念　70
教師の立ち位置　81
教授　61
教授行動　70
教卓　63
規律　71
具体　61
繰り返し　18
グループ学習　11
経験カリキュラム　130
経験主義　130
形式陶冶　7, 8
形成的な評価　7, 11, 46, 47, 178
携帯電話　36
系統主義　130
結果責任　179
現代的な諸課題　142
検定　68, 196
コア・カリキュラム　132
広（領）域カリキュラム　131
合科的　161
向上目標　12
校庭　65
行動目標　7
校内研修　166
国際成人力調査　34, 86
黒板　69
個人　63
個に応じた教育　179
個別学習　11, 63
個別的な知識　19
コミュニティ・スクール　122

コメニウス　6
コンピュータ　35, 57

さ行

CAPD　176
時間割　67
シークエンス　133
時限　67
思考ツール　200
思考・判断　45
思考力, 判断力, 表現力　14, 21, 44, 55, 103, 192
自己評価　173
指示　8, 75, 93, 206
資質・能力　14, 55, 141, 142, 160
視聴覚教材　18
実験　203
実質陶冶　7, 8
実物投影機　88, 94
質問　206
児童　61
指導案　9
指導観　191
指導技術　5
指導計画　184, 190, 191
指導書　196
指導上の留意点　194
児童生徒の実態　185
指導と評価の一体化　43, 46
指導内容　102, 103
指導方法　102
指導目標　101
指導者用デジタル教科書　94
指導要録　46, 48, 57
CBT（Computer Based Testing）　54
社会に開かれた教育課程　115, 120, 121, 176
抽象　61
集団に準拠した評価　45
習得　61
受容学習　61
授業設計　8-10, 196, 199
授業についての教師の知識領域　2

211

索　引

授業力量の３層モデル　1
熟達化　20
主体的・対話的で深い学び　14, 26
　　──の実現　176
主体的に学習に取り組む態度　55, 192
小１プロブレム　62
省察　51
省察的実践者　63
小集団（班）　63
焦点化　91
情報活用能力　29, 31, 85, 162
情報機器　35
情報社会　30
情報セキュリティ　38
情報提示　91
情報モラル教育　36
調べ学習　203
資料　203
心身の発達の段階や特性　107
真正の評価　50
診断的評価　46, 47
信頼性　52
スコープ　133
スマートフォン　30, 36
成果指標　152
生活体験　19
生徒　61
絶対評価　45
説明　8, 93, 206
説明責任　179
全国学力・学習状況調査　52
全体学習　63
選択問題　18
総括的評価　11, 46, 48, 178
相互評価　51
相対評価　45
組織構造　158
ソーンダイク　8

た行

体験的な活動　203
体験目標　12
タイラー　7

タイラー原理　134
タキソノミー　7
他者評価　173
達成目標　12
縦割り班　62
妥当性　52
タブレット（端末）　54, 88, 94
探究　61
探究的なアプローチ　10
探究的な学習の過程　11, 38
単元指導計画　193
単元テスト　55
単元の目標　192
地域の実態　185, 186
知識　14
知識及び技能　103, 192
知識・技能　21, 44, 55
知識基盤社会　119
知識の理解の質　16, 22, 26
知識・理解　45
知・徳・体のバランス　107
地方教育行政の組織及び運営に関する法律
　111
中央教育審議会　54, 55
調査書　46, 48
チョーク　69
通信簿（通知表）　43, 46, 48
机　63, 65
詰め込み　119
定期テスト　55
提示物　66
TIMSS（国際数学・理科教育動向調査）
　53
デジタル教科書　89
デジタル教材　94
デジタルコンテンツ　90
デジタルレポート　162
デューイ　6, 7
テレビ　69
展開　67, 194
電子黒板　88, 92, 94
統合型校務支援システム　55
道徳教育　104

索　引

導入　67
特別教室　63, 64
取組みの評価　177

な行

内申書　46, 48
何ができるようになるか　121
人間性　14
ねらい　194
年間指導計画　176, 190
ノード　18, 22
ノート指導　78, 207

は行

パソコン（PC）　69, 88
発見学習　61
発達の最近接領域　7
発展　61
発問　8, 60, 70, 73, 93, 206
　　拡散的発問　73
　　示唆的発問　73
　　収斂的発問　73
　　対置的発問　73
発話　8, 91, 93
話し合い活動　80
パフォーマンス評価　50, 51
班　62
板書　77, 206
反省的実践者　63
汎用的認知スキル　7
PISA　33, 53
PISA2015　33, 53, 86, 95
PDCA（サイクル）　152, 158, 163, 176
評価　135
　　——の観点　193
評価基準　49
評価規準　49, 194
評価指標　144
標準授業時数　140
標準テスト　52
ファシリテータ　63
副教材　68
プリント教材　69

ブルーナー　8
フレーベル　6
プロ教師　84
プログラミング教育　37, 38
プログラミング的思考　38, 39
プロジェクタ　88, 94
ペア（学習）　11, 63
ペスタロッチ　6
ペーパーテスト　43
ペープサート　69
ヘルバルト　6
ポートフォリオ（評価）　50, 51, 178
ホワイトボード　69
本時　194
本質主義　130

ま行

まとめ　67
学び方　199
学びに向かう力　14
学びの地図　112
学ぶ意欲　44
丸暗記　18
見方・考え方　22, 23
メンター　63
目標　135
目標に準拠した評価　45, 55
モジュール　67
問題解決能力　86, 95, 162

や行

有意味な記憶　18
融合カリキュラム　131
ゆとり　119

ら行

らせん型教育課程　8
リーダーシップ　158
リンク　19, 22
ルソー　7
ルーブリック　178
レディネス　9
ロック　7

213

教職課程コアカリキュラム

教育の方法及び技術（情報機器及び教材の活用を含む。）

全体目標：教育の方法及び技術（情報機器及び教材の活用を含む。）では，これからの社会を担う子供たちに求められる資質・能力を育成するために必要な，教育の方法，教育の技術，情報機器及び教材の活用に関する基礎的な知識・技能を身に付ける。

（1）教育の方法論

一般目標：これからの社会を担う子供たちに求められる資質・能力を育成するために必要な教育の方法を理解する。

到達目標：1）教育方法の基礎的理論と実践を理解している。
2）これからの社会を担う子供たちに求められる資質・能力を育成するための教育方法の在り方（主体的・対話的で深い学びの実現など）を理解している。
3）学級・児童及び生徒・教員・教室・教材など授業・保育を構成する基礎的な要件を理解している。
4）学習評価の基礎的な考え方を理解している。

（2）教育の技術

一般目標：教育の目的に適した指導技術を理解し，身に付ける。

到達目標：1）話法・板書など，授業・保育を行う上での基礎的な技術を身に付けている。
2）基礎的な学習指導理論を踏まえて，目標・内容，教材・教具，授業・保育展開，学習形態，評価規準等の視点を含めた学習指導案を作成することができる。

（3）情報機器及び教材の活用

一般目標：情報機器を活用した効果的な授業や情報活用能力の育成を視野に入れた適切な教材の作成・活用に関する基礎的な能力を身に付ける。

到達目標：1）子供たちの興味・関心を高めたり課題を明確につかませたり学習内容を的確にまとめさせたりするために，情報機器を活用して効果的に教材等を作成・提示することができる。
2）子供たちの情報活用能力（情報モラルを含む）を育成するための指導法を理解している。

教育課程の意義及び編成の方法（カリキュラム・マネジメントを含む。）

全体目標：学習指導要領を基準として各学校において編成される教育課程について，その意義や編成の方法を理解するとともに，各学校の実情に合わせてカリキュラム・マネジメントを行うことの意義を理解する。

（1）教育課程の意義

一般目標：学校教育において教育課程が有する役割・機能・意義を理解する。

到達目標：1）学習指導要領・幼稚園教育要領の性格及び位置付け並びに教育課程編成の目的を理解している。
2）学習指導要領・幼稚園教育要領の改訂の変遷及び主な改訂内容並びにその社会的背景を理解している。
3）教育課程が社会において果たしている役割や機能を理解している。

（2）教育課程の編成の方法

一般目標：教育課程編成の基本原理及び学校の教育実践に即した教育課程編成の方法を理解する。

到達目標：1）教育課程編成の基本原理を理解している。
2）教科・領域を横断して教育内容を選択・配列する方法を例示することができる。
3）単元・学期・学年をまたいだ長期的な視野から，また幼児，児童及び生徒や学校・地域の実態を踏まえて教育課程や指導計画を検討することの重要性を理解している。

（3）カリキュラム・マネジメント

一般目標：教科・領域・学年をまたいでカリキュラムを把握し，学校教育課程全体をマネジメントすることの意義を理解する。

到達目標：1）学習指導要領に規定するカリキュラム・マネジメントの意義や重要性を理解している。
2）カリキュラム評価の基礎的な考え方を理解している。

教職課程コアカリキュラム対応表

部	章	教育の方法及び技術（情報機器及び教材の活用を含む。）								教育課程の意義及び編成の方法（カリキュラム・マネジメントを含む。）							
		(1)				(2)		(3)		(1)			(2)			(3)	
		1)	2)	3)	4)	1)	2)	1)	2)	1)	2)	3)	1)	2)	3)	1)	2)
I 教育の方法	1 教育方法・技術の理論	◎															
	2 資質・能力の育成と教育方法		◎														
	3 情報活用能力の育成							◎									
	4 学習評価				◎												
II 教育の技術	5 授業づくりの構成要素			◎													
	6 授業技術					◎											
	7 ICT を活用した学習指導						◎										
III 教育課程の意義	8 教育課程編成の目的									◎							
	9 教育課程と社会										◎	◎					
IV 教育課程の編成の方法	10 教育課程編成の基本												◎				
	11 教科・領域の横断と教育内容													◎			
V カリキュラム・マネジメント	12 カリキュラム・マネジメントの意義															◎	
	13 カリキュラムの評価																◎
VI 指導計画や学習指導案作成の実際	14 教育課程や指導計画の策定														◎		
	15 学習指導案の作成					◎											

◎←到達目標に係る授業を単独の授業回で行う場合
○←到達目標に係る授業を複数の授業回にわたって全体的に行う場合（本書は該当なし）

教師のための教育学シリーズ
刊行にあたって

　学校教育の第一線を担っている教師たちは，現在，数々の大きな課題に直面しています。いじめ，不登校などの解決困難な教育課題への対応，主体的・協働的な学びへの期待，特別支援教育の充実，小学校外国語活動・英語の導入，道徳の教科化，ICT の活用などの新たな教育課題への対応，「チーム学校」への組織改革，保護者や地域住民との新しい協働関係の構築など課題が山積しています。

　本シリーズは，このような現代的な教育課題に対応できる専門性と指導力を備えた教師を育成するため，教職に関する理解を深めるとともに，その基盤となる教育学等の理論的知見を提供することを狙いとして企画されたものです。教師を目指す教職課程の学部生，大学院生，社会人などを主な対象としておりますが，単なる概説や基礎理論だけでなく，現代的な課題，発展的・専門的内容，最新の理論も取り込み，理論と実践の往還を図り，基礎から発展，応用への橋渡しを図ることを意図しています。

　本シリーズは，幼稚園，小学校，中学校，高等学校，特別支援学校など幅広く教員養成を行い，修士課程，教職大学院，博士課程を擁するわが国最大規模の教育研究機関であり，教育学研究の中核を担っている東京学芸大学の研究者教員により編まれました。教員有志により編集委員会をたちあげ，メンバーがそれぞれ各巻の編者となり，長期にわたり企画・編纂してまいりました。そして，本シリーズの趣旨に賛同いただいた学内外の気鋭の研究者の参画をえて，編者と執筆者が何度も議論を重ねながら一丸となってつくりあげたものです。

　優れた実践的指導力を備えた教師を目指す方々，教育学を深く学びたいと願う方々の期待に応え，わが国の教師教育の在り方において重要な道筋を示すものとなることを心から願っております。

　　　「教師のための教育学シリーズ編集委員会」を代表して　**佐々木 幸寿**

【監修】教師のための教育学シリーズ編集委員会

【編者】

高橋　純（たかはし　じゅん）
東京学芸大学教育学部准教授
1972年神奈川県生まれ。横浜国立大学大学院教育学研究科修士課程修了。修士（教育学）。富山大学大学院理工学研究科博士後期課程修了。博士（工学）。富山大学人間発達科学部准教授等を経て，現職。
中央教育審議会・臨時委員（初等中等教育分科会）（2019〜），文部科学省「教育の情報化に関する手引」作成検討会・委員（2019〜），文部科学省「学校業務改善アドバイザー」（2017〜）等を歴任。第17回日本教育工学会研究奨励賞受賞。日本教育工学会・理事，日本教育工学協会・副会長。
（専攻）教育工学，教育方法学，教育の情報化に関する研究
（主要著書）『これが知りたかった！ すぐにできるプログラミング授業実践 小学校理科』（共著，東洋館出版社，2019），『初等中等教育におけるICT活用』（共編著，ミネルヴァ書房，2018），「国内外における教育の情報化の現状とデジタル教科書」（日本印刷学会論文誌53，2017）

教師のための教育学シリーズ7
教育方法とカリキュラム・マネジメント

2019年10月15日　第一版第一刷発行
2020年10月20日　第一版第二刷発行

編　者　高橋　純

発行者　田中　千津子	〒153-0064　東京都目黒区下目黒3-6-1 電話　03（3715）1501 ㈹
発行所　株式会社 学文社	FAX 03（3715）2012 http://www.gakubunsha.com

© Jun TAKAHASHI 2019　　　　　　　　　　印刷　新灯印刷
乱丁・落丁の場合は本社でお取替えします。
定価は売上カード，カバーに表示。

ISBN 978-4-7620-2617-1

EDUCATIONAL STUDIES FOR TEACHERS SERIES

教師のための教育学シリーズ
＜全12巻＞

教師のための教育学シリーズ編集委員会　監修

優れた専門性と実践的指導力を備えた教師を育成するため，教育課程の概説のみならず，教育学の理論や知見を提供するテキストシリーズ。

〈本シリーズの特徴〉

・優れた専門性と指導力を備えた教師として必要とされる学校教育に関する知識を教育学の理論や知見に基づいてわかりやすく解説。

・単なる概説ではなく，現代的な課題，発展的・専門的内容など先導的内容も扱う。

・教育学の基礎理論に加え，最新の理論も取り込み，理論と実践の往還を図る。

❶ 教職総論 改訂版 教師のための教育理論　　佐々木 幸寿 編著

❷ 教育の哲学・歴史　　古屋 恵太 編著

❸ 学校法 第二版　　佐々木 幸寿 編著

❹ 教育経営論　　末松 裕基 編著

❺ 教育心理学　　糸井 尚子・上淵 寿 編著

❻ 教育課程論 第二版　　山田 雅彦 編著

❼ 教育方法と カリキュラム・マネジメント　　高橋 純 編著

❽ 道徳教育論　　齋藤 嘉則 編著

❾ 特別活動 改訂版 総合的な学習（探究）の時間とともに　　林 尚示 編著

❿ 生徒指導・進路指導 第二版 理論と方法　　林 尚示・伊藤 秀樹 編著

⓫ 子どもと教育と社会　　腰越 滋 編著

⓬ 教育実習論　　櫻井 眞治・矢嶋 昭雄・宮内 卓也 編著